教育部国家级教学成果一等奖教改项目

小企业
会计综合实训（第四版）

总主编／严玉康
主　编／严玉康　袁雪飞

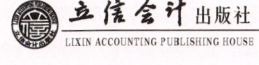

图书在版编目(CIP)数据

小企业会计综合实训 / 严玉康，袁雪飞主编. —4版. —上海：立信会计出版社，2023.10(2025.1重印)
ISBN 978-7-5429-7442-6

Ⅰ.①小… Ⅱ.①严…②袁… Ⅲ.①中小企业—企业会计 Ⅳ.①F276.3

中国国家版本馆CIP数据核字(2023)第193480号

策划编辑　　赵志梅
责任编辑　　赵志梅
美术编辑　　吴博闻

小企业会计综合实训(第四版)
XIAOQIYE KUAIJI ZONGHE SHIXUN

出版发行	立信会计出版社		
地　　址	上海市中山西路2230号	邮政编码	200235
电　　话	(021)64411389	传　真	(021)64411325
网　　址	www.lixinaph.com	电子邮箱	lixinaph2019@126.com
网上书店	http://lixin.jd.com		http://lxkjcbs.tmall.com
经　　销	各地新华书店		
印　　刷	常熟市人民印刷有限公司		
开　　本	787毫米×1092毫米　1/16		
印　　张	13		
字　　数	205千字		
版　　次	2023年10月第4版		
印　　次	2025年1月第2次		
书　　号	ISBN 978-7-5429-7442-6/F		
定　　价	42.00元		

如有印订差错，请与本社联系调换

前言（第四版） Foreword

　　根据上海市教育委员会开展高等院校一流专业建设工作的要求，作为上海市高等院校"会计一流专业"建设单位，我们策划编写了本教材，以满足高等院校培养"服务于有潜质的小企业，培养'会算、会管、会写'，具有'一人多能、多岗兼顾'"的复合型会计专业人才的需要。

　　《小企业会计综合实训》属于会计专业综合实践教材，在会计专业人才培养中处于核心地位。本教材通过模拟企业的经营全过程，让学生按照会计工作流程完成企业日常经营活动的账务处理，包括建账、填制和审核会计凭证、登记账簿、成本计算、财产清查、结账、编制会计报表和纳税申报等内容，是高等院校会计专业学生实现学校到工作岗位零距离对接的关键一环，为高等院校相关专业学生进行企业顶岗实习和从事实际会计工作奠定基础。

　　《小企业会计综合实训》共分三章，分别为小企业会计综合实训概述、小企业会计综合实训企业概况和小企业会计综合实训实例，并附有《会计基础工作规范》。本教材为《小企业会计综合实训》教材的第四版，依据近年来我国会计和税收法律制度的变化，特别是落实中共中央办公厅、国务院办公厅印发的《关于进一步深化税收征管改革的通知》提出的开展全面数字化的电子发票试点工作的要求，对第三版的原始凭证等进行了修订。本教材以财政部颁布的《小企业会计准则》为理论依据，在修订时，注重知识更新，力求反映《小企业会计准则》和最新税收法律、法规改革的内容。

　　本教材的主要特点如下：

　　第一，仿真性强。

　　本教材是以实训企业1个月的经济业务为素材，在编写过程中，我们对企业大量真实的核算资料进行了分析、筛选、补充和完善，使用目前财会工作中实际使用的原始单据，对小企业各类型经济业务进行会计核算。

　　第二，注重能力培养。

　　本教材涵盖了"小企业会计基础""小企业财务会计""小企业成本会计"等课程

的核心内容,重点突出会计职业能力、岗位技能和职业素养的培养。

第三,蕴含了编写团队多年的教学实践和教改成果。

教材第一版问世至今已经7年多。其间,编写团队"面向小微企业,聚集'三会'能力,培养'一人多能、多岗兼顾'复合型会计人才的创新实践"的教改项目获得了"国家教学成果一等奖"。本系列教材也已被全国四十多所院校选为专业教材,得到了同行的认可和青睐。

第四,配套资源丰富。

改版后的教材体系完整,资料丰富,操作性强,并配备教学微课和课程思政,以满足高等院校会计专业实训教学的实际需要。

本教材既适用于高等院校财经类专业的会计实训教学,也可作为企业会计工作者学习和会计上岗培训教材。

在教材编写过程中,行业专家、院校教师和立信会计出版社进行了多次研讨,并提出了宝贵的建议,使本教材臻于完善,编写团队在此表示衷心的感谢!

编　者
2023年10月

目录 Contents

第 1 章　小企业会计综合实训概述 …………………………………………… 1

本章包括小企业会计综合实训的实训目的、实训要求和实训步骤。

第一节　实训目的 ……………………………………………………………… 2
第二节　实训要求 ……………………………………………………………… 2
第三节　实训步骤 ……………………………………………………………… 3

第 2 章　小企业会计综合实训企业概况 ……………………………………… 7

本章包括实训企业简介、实训企业的内部会计制度和实训设计。

第一节　实训企业简介 ………………………………………………………… 8
第二节　实训企业的内部会计制度 …………………………………………… 9
第三节　实训设计 ……………………………………………………………… 11

第 3 章　小企业会计综合实训实例 …………………………………………… 13

本章包括实训企业的期初建账资料、本期经济业务资料和本期经济业务原始凭证。

第一节　期初建账资料 ………………………………………………………… 14
第二节　本期经济业务资料 …………………………………………………… 18

第三节　本期经济业务原始凭证 …………………………………………… 26

附录　会计基础工作规范 …………………………………………… 187

该规范由财政部印发,共计六章一百零一条,对会计基础工作的管理、会计机构和会计人员、会计人员职业道德、会计核算、会计监督、单位内部会计管理制度建设等问题作出了全面规范。

第 1 章

小企业会计综合实训概述

课程思政

◎ **通过本章你可以学到：**

- 实训目的
- 实训要求
- 实训步骤

第一节 实训目的

微课：实训有不同

小企业会计综合实训是一门实践性较强的会计专业课程，它以小企业实际发生的经济业务为对象，通过模拟企业的经营全过程，让学生按照会计工作流程完成小企业日常经营活动的账务处理，包括建账、填制和审核会计凭证、登记账簿、成本计算、财产清查、结账编制会计报表、纳税申报等内容。

小企业会计综合实训课程设置的目的是通过全过程的会计实务操作演练，加强学生对小企业会计基本理论、基本知识、基本方法的掌握与运用，培养学生的综合分析能力和操作技能，以提高学生的职业技能，增强学生的就业适应能力；同时，将企业经济业务的来龙去脉与企业的生产经营进行有机结合，有助于学生了解和掌握财经法规、会计制度，培养学生的职业道德和职业判断能力，树立实事求是的科学态度和严谨、细致的工作作风，为学生今后从事会计实务工作奠定扎实的基础。

第二节 实训要求

一、对教师的要求

小企业会计综合实训旨在培养和提高学生的专业技能，因此要求实训指导教师认真地对整个实训过程作具体指导，每次实训要做到有计划、有控制、有指导、有实训成绩、有实训讲评，让每一位学生均能顺利完成实训任务。

二、对学生的要求

会计实训的流程

小企业会计综合实训对学生的要求包括思政要求、一般性技术要求和电算化技术要求三个方面，具体内容如下所述。

（一）思政要求

学生在进行小企业会计综合实训时，态度要端正，目的要明确，作风要踏实，操作要认真，要以会计人员的身份参与实训。

（二）一般性技术要求

小企业会计综合实训对学生主要的一般性技术要求如下：

(1) 会计凭证、会计账簿、会计报表项目的填制要准确、完整。

(2) 会计凭证、会计账簿、会计报表的文字和数字书写要清晰、工整、规范。

(3) 会计凭证、会计账簿、会计报表的填制(编制)要及时。

(4) 会计凭证、会计账簿、会计报表的填制除按规定必须使用红墨水书写外,所有文字数字都应使用蓝(黑)墨水书写,不准使用铅笔和圆珠笔书写(除复写凭证外)。

(5) 会计凭证、会计账簿、会计报表的操作如果出现错误,必须按规定方法进行更正,不得涂改、刮擦挖补或用褪色药水消除字迹。

(6) 会计凭证、会计账簿、会计报表等会计资料,须及时整理立卷,编制目录,装订成册,归档保管。

(7) 小企业会计综合实训的操作过程要符合会计法规。

(8) 小企业会计综合实训的账务处理要符合会计核算原理。

(三) 电算化技术要求

小企业会计综合实训对学生主要的电算化技术要求如下:

(1) 根据企业内部控制制度,操作人员必须明确划分操作权限,互相牵制。操作人员必须严格在规定的权限范围内进行数据的输入、运算、记账和打印、查询有关账表。

(2) 操作人员都要凭自己的密码,在被授权的范围内进行操作,操作密码只能本人使用,严格保密,并定期更换。

(3) 操作人员不得直接打开数据库文献进行操作,不得随意增加、删除、修改数据,不得修改原程序和数据库表构造。

(4) 会计数据录入人员应严格按照原始凭证的数据编制凭证并输入计算机,每次操作完毕都要保存工作备份,以防发生意外事故。

(5) 会计数据审核人员应及时检查操作人员输入凭证的数据与原始凭证数据的一致性、合法性。若发现已输入的凭证有误,在系统记账前发现的,可要求凭证制作人员进行修改;在系统记账后发现的,可要求凭证制作人员以红字冲销纠正,再输入计算机。

(6) 任何人员都不得伪造、涂改电算化会计档案资料,不得故意毁坏数据文献、账套、备份光盘等财务档案资料。

第三节 实 训 步 骤

分岗、轮岗区别大

小企业会计综合实训的过程可分为实训准备阶段、实训操作阶段和实训总结阶段三个阶段。

一、实训准备阶段

(1) 参加实训前,学生应先复习"小企业会计基础""小企业财务会计"和"小企业成本会计"等课程,并学习《小企业会计准则》,做好实训操作前的理论准备。

（2）实训指导教师应指导学生认真学习本教材，让学生明确每次实训的目的、要求以及证、账、表的操作标准。

（3）学生须准备齐全实训所需的证、账、表、笔、算盘、计算器、印鉴、回形针、胶水等用品。

二、实训操作阶段

实训课程可采用混岗和分岗两种运作方式。以分岗实训为例，假设企业财务部设置出纳、制单会计、记账会计和会计主管四个岗位，模拟实训的基本操作步骤如下。

（一）建账

根据模拟企业账户的期初余额及有关资料，由记账会计开设总分类账、明细账，出纳开设现金日记账和银行存款日记账，并完成期初数据的记账工作。

（二）填制和审核原始凭证

记账会计、出纳填制由财务部门出具的各种原始凭证，如工资表、成本计算表、银行结算凭证、纳税申报表等。制单会计接受外来或自制的原始凭证、原始凭证汇总表，对其进行合法性、合规性、合理性审核，签署审核意见。

（三）填制记账凭证

制单会计根据已审核的原始凭证及期末账项调整数据，判断经济业务性质，填制记账凭证，然后在记账凭证的制单人处签名或盖章，并将已填制的记账凭证及所附原始凭证传递给记账会计。

（四）审核记账凭证

记账会计接受制单会计转来的记账凭证及所附原始凭证，进行认真审核后在记账凭证的审核处签名或盖章，将审核后的记账凭证，再传递给制单会计。

（五）传递记账凭证

制单会计取回已审核的记账凭证，根据凭证类别的不同分别传递给出纳和记账会计。

（六）登记账簿

出纳根据制单会计传来的记账凭证及所附的原始凭证登记现金记账、银行存款日记账，并在记账凭证的出纳处签字后再传递给记账会计。记账会计根据制单会计、出纳传来的记账凭证及所附的原始凭证登记各种明细账、备查簿等，登完后，在记账凭证的"√"栏内注明入账符号，在记账处签名或盖章，据以编制科目汇总表，并登记总分类账。

（七）期末账项调整

会计主管、记账会计、制单会计共同完成期末账项调整工作。

（八）期末对账、结账

月终由出纳、记账会计分别对总分类账、日记账、明细账进行账证核对、账账核对和账实核对,检查是否相符,并完成期末结账工作。

(九)编制和审核报表

记账会计根据总分类账和有关明细账编制资产负债表、利润表、现金流量表等,会计主管对其进行审核。

(十)档案管理

制单会计装订凭证,记账会计装订账簿和报表,然后交会计主管审核,由会计主管归档保管。

(十一)财务分析

会计主管根据企业实际经营情况和会计报表信息编制利润分配表、股东权益变动表、报表附注等,并撰写相关的财务分析报告。

三、实训总结阶段

每次实训都应在实训指导教师的具体指导下进行,学生应认真完成各次实训任务。学生操作完毕后,实训指导教师和学生应当及时进行以下总结:

(1)学生提交会计档案资料。

(2)学生撰写实训总结报告(主要谈实训过程中遇到的问题和心得)。

(3)实训指导老师对整个实训过程作总评。

(4)实训指导老师评定学生实训成绩。

会计技能比赛有哪些

第 2 章

小企业会计综合实训企业概况

课程思政

◎ **通过本章你可以学到：**

➢ 实训企业的基本情况和组织架构
➢ 实训企业的内部会计制度及其执行
➢ 课程实训设计

第一节　实训企业简介

一、实训企业的基本情况

上海精华实业公司创建于1998年6月,是一家专业生产吸尘器、电烤箱的小家电工业企业。该公司的地址为上海市新华路730号,联系电话为021-56894523。

上海精华实业公司为增值税一般纳税人,该公司统一社会信用代码/纳税人识别号为91310105200205882K;基本存款账户开户银行为工行延西支行,银行账号为804-005101011。该公司同时还开设有2个一般存款账户,便于外设销售机构存款和转账结算。根据上海市劳动与社会保障局的要求,公司统一在中国建设银行开设有社保专户,其开户银行及账号为中国建设银行新华路支行31010503190690(社保户)。

公司注册资本总额为3 000万元,固定资产原始价值为3 455万元。公司内设两个基本生产车间,其中一车间生产吸尘器,为单工序生产方式;二车间生产电烤箱,分三道工序进行加工生产。公司产品主要销往华东地区,产品销售情况良好。

二、实训企业的组织结构

公司实行董事长领导下的总经理负责制,其组织机构健全,具体结构设立情况如图2-1所示。

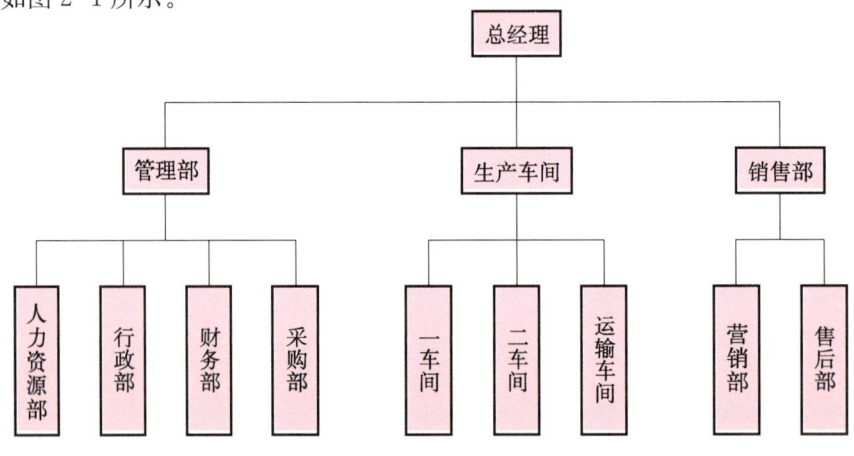

图2-1　公司组织结构图

根据运行的实际需要，公司结合各部门的岗位职责，确定了各部门负责人及其工作职责。各部门主要负责人如下：

法人代表（董事长）兼总经理：刘晓明
人力资源部经理：焦婷婷
行政部经理：刘军
财务部经理：王昕
财务部会计：刘征
出纳：万言萍
增值税开票人：李小龙
采购部经理：雷凌
生产车间经理：黄君
销售部经理：吴伟

论实训课的重要性

第二节　实训企业的内部会计制度

一、会计工作组织机构及账务处理程序

实训企业会计工作实行集中核算形式，记账方法采用借贷记账法，记账凭证采用收款凭证、付款凭证和转账凭证三种。记账凭证的编号分为现收、现付、银收、银付、转五类，每个月各类凭证均从1开始编号。

账务处理程序采用科目汇总表账务处理程序，总分类账根据科目汇总表每10天汇总登记一次，其账务处理程序如图2-2所示。

二、会计核算方法

上海精华实业公司设管理部、生产车间和销售部，其中，管理部设人力资源部、行政部、财务部和采购部，生产车间设一车间、二车间和运输车间，销售部设营销部和售后部。上海精华实业公司在实施会计核算过程中严格遵循以下原则：

无处不在的财务工作

（1）存货收发结存采用实际成本核算方法，发出材料和库存商品均按月末一次加权平均法计价。

（2）坏账损失的核算采用直接注销法。

（3）固定资产折旧采用平均年限法，按月计算月折旧额，月折旧率为0.6%；无形资产的摊销采用平均年限法，不计算残值，无形资产的摊销年限为10年。

（4）全部外购材料和销售产品的价格均为不含税价格，增值税税率为13%；提供的运输服务增值税税率为9%；城市维护建设税税率为7%；教育费附加征收率为3%；公司按税法规定代扣代缴个人所得税，企业所得税税率为25%。

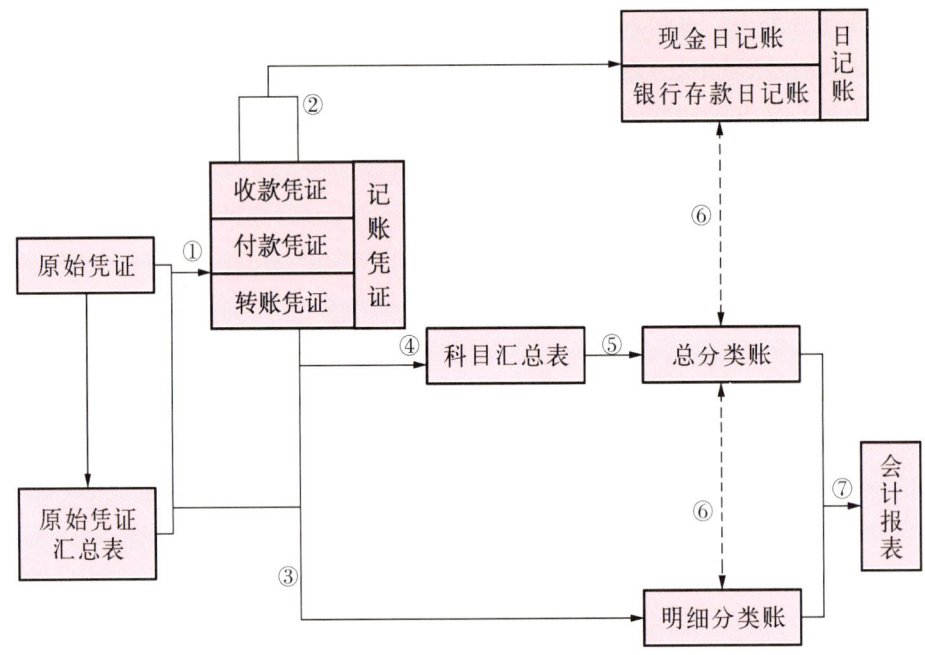

图 2-2 科目汇总表账务处理程序

注：
① 根据原始凭证或原始凭证汇总表填制记账凭证。
② 根据收款凭证和付款凭证逐笔登记现金日记账和银行存款日记账。
③ 根据原始凭证、原始凭证汇总表或记账凭证登记各种明细分类账。
④ 根据记账凭证定期编制科目汇总表。
⑤ 月末，根据编制的科目汇总表登记总分类账。
⑥ 月末，将现金日记账、银行存款日记账的余额以及各种明细分类账的余额合计数，分别与总分类账中相关账户的余额核对相符。
⑦ 月末，根据核对无误的总分类账和明细分类账的相关资料，编制会计报表。

（5）公司按照国家有关规定计算缴纳"五险一金"，计提比例如下：养老保险金由公司承担16%，个人自行负担8%；医疗保险由公司承担9.5%，个人自行负担2%；失业保险由公司承担0.5%，个人自行负担0.5%；生育保险全部由公司承担，比例为1%；工伤保险全部由公司承担，比例为1%；住房公积金由公司和个人各承担7%。

（6）公司职工福利费和职工教育经费不进行预提，按照实际发生金额进行列支；工会经费提取的比例为工资总额的2%。

（7）辅助生产车间不设"制造费用"账户，辅助生产费用分配采用直接分配法。

（8）公司生产完工的产成品在月末一次结转成本，均为在生产开始时实施一次性投料，成本计算方法采用品种法，完工产品与月末在产品费用分配采用约当产量法。

（9）公司根据财务制度和有关规定，年末按照当年实现净利润（扣减以前年度未弥补亏损后）的10%计提法定盈余公积，并按照净利润的10%计算提取并计发应付利润。

（10）未列明的其他会计事项，公司根据现行《小企业会计准则》的相关规定处理。

第三节　实　训　设　计

本教材以上海精华实业公司20×8年12月份发生的全部经济业务为模拟实训的资料，以标准、真实的原始单据为企业会计记账工作的依据，让学生通过实际模拟操作掌握会计凭证编制、会计账簿登记和会计报表编制等环节的会计核算过程，切实提高实践操作能力，培养学生的就业岗位适应能力。

选择中的得失

"小企业会计综合实训"课程可采用混岗实训和分岗实训两种运作方式。教师可根据教学工作中的实际实训条件采取不同的运作方式。在实训中，学生必须做到：

（1）熟悉和掌握实训企业的概况，包括实训企业的基本信息、组织结构和企业内部会计制度等。

（2）根据提供的实训企业的会计资料，开设总分类账户、明细分类账以及现金日记账、银行存款日记账。

（3）了解和掌握各种原始凭证的格式、记载内容和填制方法，审核原始凭证的合法性、合规性和合理性，并根据所提供的经济业务，完成部分空白原始凭证的填写。

（4）掌握经济业务的会计处理方法以及记账凭证的编制和审核，根据所提供的经济业务和原始凭证，先序时填制记账凭证，并将原始凭证附于填制的记账凭证之后，再进行记账凭证的编制。在完成凭证编制以后，分别对相关的记账凭证进行审核。

（5）掌握日记账、明细账和总分类账等各种账簿的记账方法，根据审核无误的记账凭证分别登记现金日记账、银行存款日记账以及相关的明细分类账。

（6）定期（每10天）根据已审核的记账凭证，开设"T"形账户（草稿），编制科目汇总表。

（7）根据编制的科目汇总表，分别定期（每10天）登记总分类账簿，每月登记3次。

（8）掌握对账和结账的方法，期末对各类账户进行月结，将日记账余额以

无规矩不成方圆

及各种明细分类账的余额合计数,分别与总分类账中相关账户的余额进行核对,确保正确无误。

(9)掌握试算平衡表和会计报表的编制。

(10)装订凭证、整理账簿,做到整洁、清晰、完整。

(11)撰写实训报告。

第 3 章 小企业会计综合实训实例

CHAPTER 3

课程思政

学习目标 Learning objectives

◎ **通过本章你可以学到：**

➢ 期初建账

➢ 原始凭证的填制和审核

➢ 记账凭证的填制和审核

➢ 日记账、明细账、总账的建立和登记，错账更正的处理

➢ 科目汇总表的填制

➢ 产品成本的计算

➢ 对账、结账

➢ 资产负债表、利润表、现金流量表的编制

➢ 基本纳税的申报

➢ 会计档案的整理、装订

第一节　期初建账资料

一、上海精华实业公司20×8年11月30日账户余额表

上海精华实业公司20×8年11月30日账户余额表如表3-1所示。

表3-1

微课：费用报销的会计循环

上海精华实业公司账户余额表

20×8年11月30日　　　　　　　　　　　金额单位：元

账户编码	总账账户	明细账户	辅助核算项目	借方余额	贷方余额
1001	库存现金		日记账	8 945	
1002	银行存款			10 493 410	
100201		工商银行	银行账、日记账	10 493 410	
1121	应收票据			150 000	
		苏州百货公司	客户往来	150 000	
1122	应收账款			400 000	
		金凤贸易有限公司	客户往来	170 000	
		第六百货公司	客户往来	230 000	
1123	预付账款			68 000	
		梅陇物资公司	供应商往来	68 000	
1221	其他应收款		职工核算	1 000	
		雷凌		1 000	
1403	原材料		数量金额核算	471 900	
140301		吸尘器塑壳	套	127 500（数量1 500）	
140302		电机	只	144 000（数量1 600）	
140303		电烤箱箱体	只	80 000（数量1 000）	
140304		电热元件	套	77 000（数量1 100）	
140305		燃料	公升①	8 400（数量1 500）	
140306		辅助材料		35 000	
1405	库存商品		数量金额核算	1 690 000	
140501		吸尘器	台	900 000（数量3 750）	
140502		电烤箱	台	790 000（数量3 950）	
1411	周转材料			30 000	
141101		低值易耗品		30 000	

---

①　1公升＝0.001立方米。

(续表)

账户编码	总账账户	明细账户	辅助核算项目	借方余额	贷方余额
1511	长期股权投资			504 000	
1601	固定资产		部门核算	34 550 000	
		一车间		12 500 000	
		二车间		9 500 000	
		运输车间		3 600 000	
		厂部		7 910 000	
		销售部门		1 040 000	
1602	累计折旧				14 280 000
1604	在建工程			26 165 236	
1701	无形资产			3 000 000	
1702	累计摊销				1 500 000
2001	短期借款				3 350 000
2201	应付票据		供应商往来		148 000
		闵行电机公司			148 000
2202	应付账款		供应商往来		180 000
		南京电子元件有限公司			80 000
		华东机械厂			100 000
2211	应付职工薪酬				185 701
221101		工资			
221102		社会保险费			136 213
221103		住房公积金			49 488
221104		工会经费			
221105		职工教育经费			
2221	应交税费				128 680
222101		应交增值税			
22210101		进项税额			
22210102		已交税金			
22210103		转出未交增值税			
22210104		销项税额			
22210105		进项税额转出			
22210106		转出多交增值税			
222102		未交增值税			40 000
222103		应交所得税			84 200
222104		应交城市维护建设税			2 800
222105		应交教育费附加			1 680
222107		应交个人所得税			
2241	其他应付款				28 000
224101		上海我爱我家房屋租赁公司			28 000
3001	实收资本				30 000 000
300101		国家资本金			25 000 000
300102		法人资本金			5 000 000
3002	资本公积				800 000

微课:认识记账凭证

(续表)

账户编码	总账账户	明细账户	辅助核算项目	借方余额	贷方余额
3101	盈余公积				1 450 000
3103	本年利润				15 004 600
3104	利润分配				11 000 000
310401		未分配利润			11 000 000
4001	生产成本			522 490	
400101		基本生产成本		522 490	
40010101			吸尘器	299 570	
40010102			电烤箱	222 920	
400102		辅助生产成本			
40010201			运输车间		
	合计			78 054 981	78 054 981

其中,生产成本明细账账户余额表如表3-2所示。

表3-2

生产成本明细账账户余额表

20×8年11月30日   单位:元

产品名称	直接材料	燃料和动力	直接人工及福利费	制造费用	合计
吸尘器	270 000	2 540	20 250	6 780	299 570
电烤箱	202 500	1 770	12 300	6 350	222 920
合 计	472 500	4 310	32 550	13 130	522 490

二、损益类账户20×8年1～11月累计发生额汇总表

上海精华实业公司损益类账户20×8年1～11月累计发生额汇总表如表3-3所示。

微课:会计账簿那些事

表3-3

损益类账户累计发生额汇总表

20×8年1～11月   单位:元

账户编码	总账账户	累计发生额	
		借方	贷方
5001	主营业务收入	53 328 193	53 328 193
5002	其他业务收入	120 000	120 000
5111	投资收益	1 320 000	1 320 000
5301	营业外收入	100 000	100 000
5401	主营业务成本	32 529 400	32 529 400
5402	其他业务成本	980 000	980 000
5403	税金及附加	324 560	324 560
5601	销售费用	425 600	425 600
5602	管理费用	386 500	386 500
5603	财务费用	156 000	156 000
5711	营业外支出	60 000	60 000
5801	所得税费用	5 001 533	5 001 533

三、20×8年11月30日资产负债表

上海精华实业公司20×8年11月30日资产负债表如表3-4所示。

表3-4

资产负债表

会企01表

编制单位：上海精华实业公司　　　20×8年11月30日　　　单位：元

资产	期末余额	上年年末余额	负债和所有者权益（或股东权益）	期末余额	上年年末余额
流动资产：			流动负债：		
货币资金	10 520 355	6 979 640	短期借款	3 350 000	6 000 000
交易性金融资产			交易性金融负债		
衍生金融资产			衍生金融负债		
应收票据	150 000	400 000	应付票据	148 000	315 000
应收账款	400 000	568 000	应付账款	180 000	25 000
应收款项融资			预收款项		
预付款项	68 000		合同负债		
其他应收款	1 000	500	应付职工薪酬	185 701	215 500
存货	2 714 930	4 645 800	应交税费	128 680	12 900
合同资产			其他应付款	28 000	
持有待售资产			持有待售负债		
一年内到期的非流动资产			一年内到期的非流动负债		
其他流动资产			其他流动负债		
流动资产合计	13 835 745	12 593 940	流动负债合计	4 020 381	6 568 400
非流动资产：			非流动负债：		
债权投资			长期借款		
其他债券投资			应付债券		
长期应收款			其中：优先股		
长期股权投资	504 000	504 000	永续债		
其他权益工具投资			租赁负债		
其他非金融资产			长期应付款		
投资性房地产			预计负债		
固定资产	20 270 000	22 550 300	递延收益		
在建工程	26 165 236	12 395 160	递延所得税负债		
生产性生物资产			其他非流动负债		
油气资产			非流动负债合计		
使用权资产			负债合计	4 020 381	6 568 400
无形资产	1 500 000	1 775 000	所有者权益（或股东权益）：		
开发支出			实收资本（或股本）	30 000 000	30 000 000
商誉			其他权益工具		
长期待摊费用			其中：优先股		
递延所得税资产			永续债		
其他非流动资产			资本公积	800 000	800 000
非流动资产合计	48 439 236	37 224 460	减：库存股		
			其他综合收益		
			专项储备		
			盈余公积	1 450 000	1 450 000
			未分配利润	26 004 600	11 000 000
			所有者权益（或股东权益）合计	58 254 600	43 250 000
资产总计	62 274 981	49 818 400	负债和所有者权益（或股东权益）总计	62 274 981	49 818 400

第二节　本期经济业务资料

上海精华实业公司20×8年12月发生的经济业务如下：

1. 12月2日，收到开户银行送来的11月份银行存款对账单，结存额为10 513 260元，而企业银行存款日记账账面余额为10 493 410元，要求核对未达账项，并编制银行存款余额调节表。

附凭证：凭1-1 中国工商银行对账单、凭1-2 银行存款日记账。

2. 12月2日，开出现金支票，向银行提取现金2 000元，以备使用。

附凭证：凭2 现金支票(05276407)。

3. 12月2日，厂部张宏回家探亲，借款400元，现金付讫。

附凭证：凭3 借款单。

4. 12月2日，向沪西塑料制品厂购进吸尘器塑壳1 000套，单价85.50元，计货款85 500元，增值税额11 115元，共计96 615元，签发一张转账支票支付材料款，材料已验收入库。

微课：日记账的登记故事

附凭证：凭4-1 电子发票(增值税专用发票)、凭4-2 材料入库单、凭4-3 转账支票存根(05348805)。

5. 12月3日，转账支付上海丰登机械维修有限公司提供的设备维修费5 650元。

附凭证：凭5-1 电子发票(增值税专用发票)、凭5-2 转账支票存根(05348806)。

6. 12月3日，接银行通知，第六百货公司汇来前欠货款230 000元，银行已收妥入账。

附凭证：凭6 信汇凭证(收账通知)。

7. 12月3日，收到2月份银行手续费收款通知25元，已从企业存款户划出。

附凭证：凭7 收费凭证。

8. 12月3日，以转账支票支付上海市轻工供销公司组织的商品展销场地费用5 300元。

附凭证：凭8-1 电子发票(增值税专用发票)、凭8-2 转账支票存根(05348807)。

9. 12月4日，向宁波百货公司销售电烤箱1 500台，售价每台300元，计货款450 000元，增值税额58 500元，共计508 500元，货款尚未收到。

附凭证：凭9-1 电子发票(增值税专用发票)、凭9-2 产品出库单。

10. 12月4日，销往宁波百货公司的电烤箱已通过上海快捷运输服务有限公司发运，转账支付运费545元。

附凭证：凭10-1 电子发票(增值税专用发票)、凭10-2 转账支票存根

(05348808)。

11. 12月4日,收到转账支票508 500元,填制进账单,存入银行。

附凭证:凭11 进账单(收账通知)。

12. 12月4日,以转账支票支付上海长宁税务咨询公司税务咨询费4 240元。

附凭证:凭12-1 电子发票(增值税专用发票)、凭12-2 转账支票存根(05348809)。

13. 12月7日,填制企业所得税、增值税、城市维护建设税和教育费附加等缴款书,以银行存款缴纳应交所得税84 200元,应交增值税40 000元,应交城市维护建设税2 800元,教育费附加1 680元。

附凭证:凭13-1至凭13-4 税收缴款书。

14. 12月7日,购入文具用品一批4 972元,货款以支票付讫。分发各部门使用。其中:一车间950元,二车间800元,运输车间450元,管理部1 950元,销售部250元,根据发票、转账支票存根及发料凭证汇总表编制付款凭证。

附凭证:凭14-1 电子发票(增值税专用发票)、凭14-2 转账支票存根(05348810)、凭14-3 发料凭证汇总表。

15. 12月7日,苏州百货公司的商业承兑汇票一张,票面金额150 000元,今日到期,填制进账单连同商业承兑汇票送银行,办妥进账手续。

附凭证:凭15 进账单(收账通知)。

16. 12月7日,收到上级拨入新机器一台,价值300 000元,作为投资,经验收交付二车间使用。

附凭证:凭16 固定资产入账(出账)通知单。

17. 12月7日,行政部张宏探亲回来报销差旅费385元,经审核无误,同意报销,余款由财务部开出收据收回(前暂支400元)。

附凭证:凭17-1 差旅费报销单、凭17-2 火车票1、凭17-3 火车票2、凭17-4电子发票(普通发票)、凭17-5 专用收款收据。

18. 12月7日,向上海机电物资公司购入吸尘器电机5 000套,单价88.50元,货款442 500元,增值税额57 525元,共计500 025元,电机已验收入库,货款以支票付讫。

附凭证:凭18-1 电子发票(增值税专用发票)、凭18-2 材料入库单、凭18-3 转账支票存根(05348811)。

19. 12月8日,售给南京交电公司吸尘器2 000台,单价350元,货款700 000元,增值税额91 000元,共计791 000元,该公司开出承兑期为20×9年1月8日的银行承兑汇票一张。

附凭证:凭19-1 电子发票(增值税专用发票)、凭19-2 银行承兑汇票、凭19-3 产品出库单。

20. 12月8日,以南京交电公司签发的银行承兑汇票,向开户银行申请贴现,经银行同意贴现,扣除贴现利息1%后,余款已记入存款户。

微课:认识科目汇总表

附凭证：凭20 贴现凭证（收账通知）。

21. 12月8日，向江南塑料制品厂购进吸尘器塑壳5 000套，每套84.90元，货款424 500元，增值税额55 185元，共计479 685元，塑壳验收入库，货款以支票付讫。

附凭证：凭21-1电子发票（增值税专用发票）、凭21-2材料入库单、凭21-3转账支票存根（05348812）。

22. 12月9日，向上海市物资公司购进电烤箱箱体4 000只，单价79.50元，货款318 000元，增值税额41 340元，共计359 340元，箱体已验收入库，款以银行存款支付。

附凭证：凭22-1电子发票（增值税专用发票）、凭22-2材料入库单、凭22-3转账支票存根（05348813）。

23. 12月9日，上月签发给闵行电机公司的商业承兑汇票148 000元，今到期承兑付讫。

附凭证：凭23 委托收款凭证（付款通知）。

微课：总账与明细账：平行又相交

24. 12月9日，采购部经理雷凌报销差旅费856元，余款由财务部开出收据收回（前预支1 000元）。

附凭证：凭24-1差旅费报销单、凭24-2火车票1、凭24-3火车票2、凭24-4电子发票（普通发票）、凭24-5专用收款收据。

25. 12月10日，转账支付电信基础服务和增值服务费4 772元。

附凭证：凭25-1电子发票（增值税专用发票）、凭25-2电子发票（增值税专用发票）、凭25-3委托收款凭证（付款通知）。

26. 12月10日，向银行提取现金2 000元。

附凭证：凭26 现金支票（05276408）。

27. 12月10日，售给杭州交电公司电烤箱2 000台，单价300元，货款600 000元，增值税额78 000元，共计678 000元，货款尚未收到。

附凭证：凭27-1电子发票（增值税专用发票）、凭27-2产品出库单。

28. 12月10日，转账支付12月10日销售电烤箱发生的代垫运费500元。

附凭证：凭28 转账支票存根（05348814）。

29. 12月10日，前欠华东机械厂货款100 000元，今以支票付讫。

附凭证：凭29 转账支票存根（05348815）。

30. 12月11日，委托银行用信汇汇给南京电子元件有限公司80 000元，偿付前欠材料款。

附凭证：凭30 信汇凭证（回单）。

31. 12月11日，中午招待来厂客户，支付餐费1 400元，经审核后，以现金报销。

附凭证：凭31-1费用报销单、凭31-2电子发票（普通发票）。

32. 12月11日，购入燃料1 000升，每升5.7元，共5 700元，增值税额741元，共计6 441元，以支票付讫。

附凭证：凭32-1电子发票（增值税专用发票）、凭32-2材料入库单、凭32-3

转账支票存根(05348816)。

33. 12月11日,收到联营企业交来转账支票一张,结清分配的利润120 000元。

附凭证:凭33-1 上海市企业单位统一收据、凭33-2 进账单(收账通知)。

34. 12月11日,不需用设备一台,原价46 000元,已提折旧25 000元,出售给汇丰实业公司,双方协商价为29 380元,支票存入银行。

附凭证:凭34-1 固定资产入账(出账)通知单、凭34-2 电子发票(增值税专用发票)、凭34-3 进账单(收账通知)。

35. 12月11日,结转出售的固定资产净收益。

附凭证:凭35 固定资产清理损益结转表。

36. 12月14日,以转账支票支付广告费15 900元。

附凭证:凭36-1 电子发票(增值税专用发票)、凭36-2 转账支票存根(05348817)。

37. 12月14日,一车间机床一台,原价32 000元,已提折旧24 000元,已无法使用,经鉴定后同意报废。

附凭证:凭37-1 固定资产报废单、凭37-2 固定资产入账(出账)通知单。

微课:对账不烦恼

38. 12月14日,报废机床委托上海红旗起重搬运公司送去上海希望废品回收有限公司出售,支付机床装卸费用530元。出售价款2 938元已存入银行。

附凭证:凭38-1 电子发票(增值税专用发票)、凭38-2 转账支票存根(05348818)、凭38-3 电子发票(增值税专用发票)、凭38-4 进账单(收账通知)。

39. 12月14日,结转设备报废净损失。

附凭证:凭39 固定资产清理损益结转表。

40. 12月14日,运输车间为上海市南打包站送货物,收入运输费10 900元并已存入银行。

附凭证:凭40-1 电子发票(增值税专用发票)、凭40-2 进账单(收账通知)。

41. 12月14日,12月10日售给杭州交电公司电烤箱的货款及运费共678 500元,对方已汇入银行账户。

附凭证:凭41 信汇凭证(收账通知)。

42. 12月14日,向上海电子器材有限公司购进电热元件4 500套,单价71元,货款319 500元,增值税额41 535元,共计361 035元,货款付讫,材料验收入库。

附凭证:凭42-1 电子发票(增值税专用发票)、凭42-2 材料入库单、凭42-3 转账支票存根(05348819)。

43. 12月14日,金凤贸易有限公司汇来前欠货款170 000元。

附凭证:凭41 电汇凭证(收账通知)。

44. 12月15日,用支票向上海第十五金商店购进辅助材料50 000元,增值税额 6 500 元，共计 56 500 元，已验收入库。

附凭证：凭 44-1 电子发票（增值税专用发票）、凭 44-2 材料入库单、凭 44-3 转账支票存根（05348820）。

45. 12 月 15 日，收到梅陇物资公司送来的低值易耗品一批，货款 58 000 元，增值税额 7 540 元，共计 65 540 元，已验收入库，余款退回银行，冲转预付账款（预付账款期初结存为 68 000 元）。

附凭证：凭 45-1 电子发票（增值税专用发票）、凭 45-2 材料入库单、凭 45-3 电汇凭证（收账通知）。

46. 12 月 15 日，以银行存款支付 2 月份住房公积金 49 488 元，其中企业和个人各负担 24 744 元（公司住房公积金专户账号为 31010503190690）。

附凭证：凭 46-1 上海市公积金汇缴书、凭 46-2 贷记凭证（回单联）。

47. 12 月 15 日，收到工商银行转来上海市社会保险事业管理中心的结算表等委托收款凭证单据，已从社会保险基金专户划转各项社保共计 136 213 元，其中职工养老保险金 84 912 元、失业保险金 3 538 元、生育保险金 3 538 元、工伤保险金 3 538 元以及医疗保险金 40 687 元。

附凭证：凭 47-1 上海市社会保险基金结算表、凭 47-2 委托收款凭证（付款通知）、凭 47-3 上海市职工医疗保险基金收缴核定表、凭 47-4 委托收款凭证（付款通知）。

48. 12 月 15 日，支付代扣的职工房租 28 000 元。

附凭证：凭 48 贷记凭证（回单联）。

49. 12 月 16 日，向上海交电公司售出吸尘器 2 000 台，单价 350 元，货款 700 000 元，增值税额 91 000 元，共计 791 000 元，收到支票存入银行。

附凭证：凭 49-1 电子发票（增值税专用发票）、凭 49-2 产品出库单、凭 49-3 进账单（收账通知）。

50. 12 月 18 日，向申新电机厂购进吸尘器电机 1 500 只，单价 90 元，货款 135 000 元，增值税额 17 550 元，共计 152 550 元，货自提，货款付讫。

附凭证：凭 50-1 电子发票（增值税专用发票）、凭 50-2 材料入库单、凭 50-3 转账支票存根（05348821）。

51. 12 月 23 日，向上海电讯器材公司购买电热元件 3 500 套，单价 69 元，货款 241 500 元，增值税额 31 395 元，共计 272 895 元，材料已验收入库，货款已付。

附凭证：凭 51-1 电子发票（增值税专用发票）、凭 51-2 材料入库单、凭 51-3 转账支票存根（05348822）。

52. 12 月 23 日，售给哈尔滨北方商厦吸尘器 3 000 台，单价 350 元，货款 1 050 000 元，增值税额 136 500 元，共计 1 186 500 元，已办托收手续，货款尚未收到。

附凭证：凭 52-1 电子发票（增值税专用发票）、凭 52-2 产品出库单、凭 52-3 托收凭证（受理回单）。

微课：财务报表之秒成

53. 12月23日,货已从铁路发运,代垫运费1 000元,以支票付讫。

　　附凭证:凭53转账支票存根(05348823)。

54. 12月23日,向沪南物资公司购进电烤箱箱体4 000只,单价80元,货款320 000元,增值税额41 600元,共计361 600元,已验收入库,款暂欠。

　　附凭证:凭54-1电子发票(增值税专用发票)、凭54-2材料入库单。

55. 12月25日,售给上海华风贸易公司电烤箱2 500台,每台300元,货款750 000元,增值税额97 500元,共计847 500元,款已收到并存入银行。

　　附凭证:凭55-1电子发票(增值税专用发票)、凭55-2产品出库单、凭55-3进账单(收账通知)。

56. 12月25日,售给上海东乐工贸公司电烤箱2 000台,每台300元,货款600 000元,增值税额78 000元,共计678 000元,货自提,款未收到。

　　附凭证:凭56-1电子发票(增值税专用发票)、凭56-2产品出库单。

57. 12月25日,支付12月份应负担短期贷款利息41 875元,已从账户内划出。

　　附凭证:凭57贷款利息通知单(支款通知)。

58. 12月25日,用银行存款归还短期贷款150 000元。

　　附凭证:凭58还贷凭证(回单)。

59. 12月28日,收到银行转来上海市电力公司委托收款结算凭证,本月应负担电费28 984.50元(含增值税),已付讫。各部门负担情况如下:吸尘器产品生产9 800元,电烤箱产品生产12 200元,一车间560元,二车间650元,运输车间120元,销售部80元,厂部2 240元。

　　附凭证:凭59-1委托收款凭证(付款通知)、凭59-2电子发票(增值税专用发票)、凭59-3电费费用分配汇总表。

60. 12月28日,根据工资结算汇总表分配本月工资,填制工资分配汇总表。

　　附凭证:凭60-1工资结算汇总表、凭60-2工资费用分配汇总表。

61. 12月28日,根据工资结算汇总表计算应发工资。按实发金额开现金支票,提取现金备发工资。

　　附凭证:凭61现金支票(05276409)。

62. 12月28日,发放本月工资。

　　附凭证:凭62工资结算汇总表。

63. 12月28日,根据工资结算汇总表结转代扣款项。

　　附凭证:凭63代扣款项结转表。

64. 12月28日,计提12月份应由企业负担的医疗保险费、养老保险费、失业保险费、生育保险费、工伤保险费和住房公积金。

　　附凭证:凭64各项基金计算分配表。

65. 12月28日,根据各项经费计算分配表计提并缴纳公司应负担的工会经费。

附凭证：凭65-1各项经费计算分配表、凭65-2贷记凭证(回单联)。

66. 12月30日，根据月初各部门固定资产原价计提折旧，折旧率为0.6%，编制固定资产折旧计算表并计提折旧。

附凭证：凭66固定资产折旧计算表。

67. 12月31日，汇总本月各部门领料情况(表3-5)，根据以下资料，编制发料凭证汇总表。

表3-5　　　　　12月份各部门领料情况汇总表

材料名称	单位	吸尘器	电烤箱	一车间	二车间	运输部门	厂部	销售部门	合计
吸尘器塑壳	套	6 000							
电烤箱箱体	只		7 650						
吸尘器电机	只	6 000							
电热元件	套		7 650						
燃料	公升	1 000	800						
辅助材料	元	18 050	22 750	2 320	3 245	4 863	2 383	7 600	61 211
低值易耗品	元			10 395	11 420	1 863	3 325	1 500	28 503
合　　计									

附凭证：凭67发料凭证汇总表。

68. 12月31日，按规定分摊企业的无形资产并计提本月的分摊金额。

附凭证：凭68无形资产摊销计算表。

69. 12月31日，公司年末盘点，发现短缺现金200元，系出纳个人原因造成的。

附凭证：凭69-1现金盘点报告单、凭69-2专用收款收据。

70. 12月31日，按运输吨/千米分配运输车间费用，运输车间共提供服务量共计40 000吨/千米，其中一车间150吨/千米、二车间200吨/千米、销售部1 200吨/千米、厂部2 200吨/千米、外单位250吨/千米。

附凭证：凭70运输费用分配表。

71. 12月31日，结转制造费用。

附凭证：凭71制造费用分配表。

72. 12月31日，结转本月完工产品成本(产品完成情况见表3-6)。(已知两个生产车间生产的产品均为一次投料，在产品完工率均为50%，其中：① 一车间生产吸尘器，月末在产品按约当产量计算。② 二车间生产电烤箱，分三道工序进行加工生产，但不要求分工序计算成本，因此，成本计算采用品种法。)电烤箱的工时定额为4小时，有关各工序的工时定额和在产品数量如表3-7所示。

表 3-6

20×8 年 12 月份产品生产完成情况表

数量单位：台

项　目	吸尘器	电烤箱
期初在产品数量	1 500	1 350
本期投产量	6 000	7 650
本期完工量	6 500	7 500
期末在产品数量	1 000	1 500
在产品完工率	50%	50%

表 3-7

产品数量和工时定额表

工　序	工时定额（小时）	完工百分比	在产品数量（台）	在产品约当产量（台）
1	1		400	
2	2		600	
3	1		500	
合　计	4		1 500	

附凭证：凭 72-1 20×8 年 12 月份产品生产完成情况表、凭 72-2 产品成本计算单、凭 72-3 产品数量和工时定额表、凭 72-4 产品成本计算单、凭 72-5 产成品入库汇总表。

73. 12 月 31 日，根据"应交税费——应交增值税"账户，计算出本月未交的增值税，并转出至"应交税费——未交增值税"账户。

附凭证：凭 73 未交增值税结转表。

74. 12 月 31 日，计提本月应缴纳的城市维护建设税和教育费附加。其中，城市维护建设税按增值税的 7% 计算；教育费附加按增值税的 3% 计算。

附凭证：凭 74 城市维护建设税和教育费附加计算表。

75. 12 月 31 日，结转产品销售成本（一次加权平均）。

附凭证：凭 75 销售成本计算表。

76. 12 月 31 日，结转本期损益。

附凭证：凭 76 损益类账户结转表。

77. 12 月 31 日，结出本月利润总额，按 25% 计提应交所得税并结转所得税费用。

附凭证：凭 77-1 所得税计算表、凭 77-2 所得税费用结转表。

78. 12 月 31 日，结转本年实现的净利润。

附凭证：凭 78 本年净利润结转表。

79. 12 月 31 日，按全年税后利润总额的 10% 计提法定盈余公积。

附凭证：凭 79 盈余公积计算表。

80. 12月31日，按全年税后利润总额的10%计算应付利润。

附凭证：凭80 应付利润计算表。

81. 12月31日，结转全年未分配利润。

附凭证：凭81 已分配利润结转表。

82. 12月31日，编制会计报表。

附：凭82-1 资产负债表、凭82-2 利润表、凭82-3 现金流量表。

第三节　本期经济业务原始凭证

凭1-1

中国工商银行　　对账单

单位名称：上海精华实业公司　　20×8年11月30日

账号：804005101011　　　　　　　　　　　　　　　　单位：元

20×8年		凭证号数	摘　要	结算凭证		借　方	贷　方	余　额
月	日			种类	号码			
11	1	（略）		（略）	（略）			9 275 551.20
	2		提现			5 000.00		9 270 551.20
	3		收到A公司货款				409 500.00	9 680 051.20
	4		支付电机材料货款			315 900.00		9 364 151.20
	5		缴纳增值税			12 900.00		9 351 251.20
	6		支付办公用品采购费			560.00		9 350 691.20
	8		收到B公司货款				480 000.00	9 830 691.20
	9		支付燃料材料货款			26 676.00		9 804 015.20
	10		支付电话费			890.00		9 803 125.20
	12		支付医药费			12 500.00		9 790 625.20
	12		支付电热元件货款			345 150.00		9 445 475.20
	13		收到C公司货款				527 000.00	9 972 475.20
	16		支付住房公积金			42 796.00		9 929 679.20
	16		支付社会保险金			100 873.60		9 828 805.60
	16		支付医疗保险金			42 795.60		9 786 010.00
	17		收到D公司货款				819 000.00	10 605 010.00
	18		支付职工房租			28 000.00		10 577 010.00
	18		支付电烤箱箱体材料货款			473 850.00		10 103 160.00
	19		收到E公司货款				702 500.00	10 805 660.00
	23		支付辅助材料货款			517 725.00		10 287 935.00
	24		收到F公司货款				24 000.00	10 311 935.00
	27		支付第六货公司货款				230 000.00	10 541 935.00
	27		结算手续费			25.00		10 541 910.00
	30		支付电费			28 650.00		10 513 260.00
合　计						1 954 291.20	3 192 000.00	10 513 260.00

凭1-2

银行存款日记账

单位：元

20×8年		凭证号数	摘要	√	借方	贷方	余额
月	日						
11	1	(略)	期初余额	√			9 275 551.20
	2		提现	√		5 000.00	9 270 551.20
	3		支付电机材料货款	√		315 900.00	8 954 651.20
	5		缴纳增值税	√		12 900.00	8 941 751.20
	5		收到A公司货款	√	409 500.00		9 351 251.20
	6		支付办公用品采购费	√		560.00	9 350 691.20
	8		支付燃料材料货款	√		26 676.00	9 324 015.20
	9		收到B公司货款	√	480 000.00		9 804 015.20
	10		支付电话费	√		890.00	9 803 125.20
	11		支付医药费	√		12 500.00	9 790 625.20
	12		支付电热元件货款	√		345 150.00	9 445 475.20
	13		收到C公司货款	√	527 000.00		9 972 475.20
	13		支付住房公积金	√		42 796.00	9 929 679.20
	13		支付社会保险金	√		100 873.60	9 828 805.60
	13		支付医疗保险金	√		42 795.60	9 786 010.00
	17		付电烤箱箱体材料货款	√		473 850.00	9 312 160.00
	18		支付职工房租	√		28 000.00	9 284 160.00
	18		收到D公司货款	√	819 000.00		10 103 160.00
	20		收到E公司货款	√	702 500.00		10 805 660.00
	20		支付辅助材料货款	√		517 725.00	10 287 935.00
	27		收到金凤贸易公司货款	√	244 000.00		10 531 935.00
	27		支付电费	√		28 650.00	10 503 285.00
	28		支付吸尘器塑壳材料货款	√		33 875.00	10 469 410.00
	30		收到F公司货款	√	24 000.00		10 493 410.00
11	30		本月合计		3 206 000.00	1 988 141.20	10 493 410.00

凭2

中国工商银行		中国工商银行　现金支票（　） IX II 05276407
现金支票存根　（沪） IX II 05276407	本支票付款期限十天	出票日期(大写)　　年　月　日　　付款行名称： 收款人：　　　　　　　　　　出票人账号：

科　　目 _____
对方科目 _____
出票日期　　年　月　日

收款人：
金　额：
用　途：
单位主管 王昕　会计 刘征

人民币
(大写)

千	百	十	万	千	百	十	元	角	分

用途：(上海精华实业公司财务专用章)
上列款项请从
我账户内支付
出票人签章(章)

刘晓明印

科目（借）
对方科目（贷）_____
转账日期　　年　月　日
复核　　　　　记账

备注：公司提现 2 000 元备用，要求完成原始凭证的填制工作。

凭3

借　款　单
20×8 年 12 月 2 日
No 450012

借款部门	厂部	姓名	张宏	级别		出差地点	无锡
						天数	1
事由	探亲	借款金额(大小写)		人民币肆佰元整 ¥400.00			
单位负责人签章	刘军	借款人签章	张宏	注意事项	1. 借用现金 2 000 元以上需提前 3 天通知财务部门。 2. 借款人应于出差归来 5 天内结算差旅费归还余款。		
授权人批示	同意	审核意见	同意	王昕			

现金付讫

第三联　借款记账凭证

附加信息：	
	收款人签章 年　月　日
	身份证件名称：　　　　　　　发证机关： 号码 □□□□□□□□□□□□□□□□□

凭 4-1

电子发票（增值税专用发票）

发票号码：23312000000025147103
开票日期：20×8 年 12 月 2 日

购买方信息	名　称：上海精华实业公司　　　　　　　　　　　　　　　　　　　　统一社会信用代码/纳税人识别号：91310105200205882K	销售方信息	名　称：沪西塑料制品厂　　　　　　　　　　　　　　　　　　　　统一社会信用代码/纳税人识别号：91310102100123400K

项目名称	规格型号	单位	数量	单价	金额	税率/征收率	税额
吸尘器塑壳		套	1 000	85.50	85 500.00	13%	11 115.00
合　计					￥85 500.00		￥11 115.00
价税合计（大写）	⊗玖万陆仟陆佰壹拾伍元整　　　　　　　　　　　　　（小写）￥96 615.00						
备注	销方开户银行：工行沪西支行；银行账号：805042180400						

开票人：王圆

凭 4-2

材料入库单

类别：原料及主要材料
库别：材料库　　　　　20×8 年 12 月 2 日　　　　　No.0026

材料编号	名　称	规格及型号	计量单位	数量		实际成本				
				应收	实收	买价		运杂费	其他	合计
						单价	金额			
	吸尘器塑壳		套	1 000	1 000	85.50	85 500.00			85 500.00
供应单位	沪西塑料制品厂			单据号码				25147103			
备注											

仓库主管：刘三　　　验收：田天　　　采购：吴海军　　　制单：赵明

凭4-3

中国工商银行
转账支票存根（沪）
支票号码：IX II 05348805

科　　目 _____
对方科目 _____
出票日期 20×8 年 12 月 2 日

收款人：沪西塑料制品厂
金　　额：¥96 615.00
用　　途：支付吸尘器塑壳材料费

单位主管 王昕　会计 刘征

凭5-1

电子发票(增值税专用发票)

发票号码：23312000000025306542
开票日期：20×8 年 12 月 3 日

购买方信息	名　称：上海精华实业公司					销售方信息	名　称：上海丰登机械维修有限公司		
	统一社会信用代码/纳税人识别号：91310105200205882K						统一社会信用代码/纳税人识别号：913101065002011543K		

项目名称	规格型号	单位	数量	单价	金额	税率/征收率	税额
设备维修费					5 000.00	13%	650.00
合　计					¥5 000.00		¥650.00

价税合计（大写）	⊗伍仟陆佰伍拾元整	（小写）¥5 650.00

备注：销方开户银行：工行零陵支行；银行账号：805042180523

开票人：李美

凭5-2

```
中国工商银行
转账支票存根(沪)
支票号码：IX II 05348806

科    目 _____
对方科目 _____
出票日期 20×8年 12月 3日

收款人： 上海丰登机械维修有限公司
金   额： ￥5 650.00
用   途： 支付设备维修费

单位主管 王昕    会计 刘征
```

凭6

中国工商银行 信汇凭证 （收账通知）

委托日期 20×8年 12月 3日   第 0100 号

汇款人	全称	第六百货公司		收款人	全称	上海精华实业公司	
	账号或地址	804024098600			账号或地址	804005101011	
	汇出地点	上海市	汇出行名称	工行徐汇支行		汇入地点	上海市	汇入行名称	工行延西支行

金额	人民币（大写）	贰拾叁万元整	千	百	十	万	千	百	十	元	角	分
					￥	2	3	0	0	0	0	0	0

汇款用途： 货款

留行待取预留
收款人印鉴

上列款项已代收账，
如有错误请持此联来
行面洽。
汇入行签章
20×8年12月3日   收款人盖章
               年   月   日

科目(借)
对方科目(贷)
汇入行解汇日期   年   月   日
复核   记账   出纳

凭7

中国工商银行 收费凭证

20×8年 12月3日　　　　第 0150 号

户　　名	上海精华实业公司		账号	804005101011							
开户银行	工行延西支行	结算种类	单价	数量	金　额						
					万	千	百	十	元	角	分
收费种类	手续费	转账						2	5	0	0
1. 客户购买凭证时在"收费种类"栏填写工本费,在"结算种类"栏填写所购凭证名称。 2. 客户在办理结算业务时,在"收费种类"栏分别填写手续费或邮电费,在"结算种类"栏填写办理的结算方式。			工商银行延西支行 20×8年12月3日 转讫								
		合计人民币 (大写)	贰拾伍元整		¥			2	5	0	0

第一联 回单

凭8-1

  电子发票(增值税专用发票)　　发票号码：23312000000024145612

开票日期：20×8年 12月3日

购买方信息	名　称： 上海精华实业公司	销售方信息	名　称： 上海市轻工供销公司
	统一社会信用代码/纳税人识别号：91310105200205882K		统一社会信用代码/纳税人识别号：91310102100115626K

项目名称	规格型号	单位	数量	单价	金　额	税率/征收率	税　额
商品展销场地费					5 000.00	6%	300.00
合　计					¥5 000.00		¥300.00
价税合计(大写)	⊗伍仟叁佰元整				(小写)¥5 300.00		
备注	销方开户银行：工行零陵支行；银行账号：805042180523						

开票人：王然

凭8-2

中国工商银行
转账支票存根（沪）
支票号码：IX II 05348807

科　　目 _____
对方科目 _____
出票日期 20×8 年 12 月 3 日

收款人：上海市轻工供销公司
金　　额：¥5 300.00
用　　途：支付商品展销场地费

单位主管 王昕　会计 刘征

凭9-1

电子发票（增值税专用发票）

发票号码：23312000000025147124
开票日期：20×8 年 12 月 4 日

购买方信息	名称：宁波百货公司 统一社会信用代码/纳税人识别号：91240500271889611K			销售方信息	名称：上海精华实业公司 统一社会信用代码/纳税人识别号：91310105200205882K			
项目名称	规格型号	单位	数量	单价	金额		税率/征收率	税额
电烤箱		台	1 500	300.00	450 000.00		13%	58 500.00
合　计					¥450 000.00			¥58 500.00
价税合计（大写）	⊗伍拾万捌仟伍佰元整				（小写）¥508 500.00			
备注	销方开户银行：工行延西支行；银行账号：804005101011							

开票人：李小龙

凭 9-2

产品出库单

购货单位：宁波百货公司　　　　20×8 年 12 月 4 日　　　　编号：K005001

编号	名称及规格	单位	数量	售价	金额	备注
	电烤箱	台	1 500	300	450 000	
	合　　计		1 500	300	450 000	

会计主管：王昕　　仓库主管：刘三　　保管：杨军　　经发：杨军　　制单：赵明

第二联　财务部

凭 10-1

 货物运输服务 　发票号码：23312000000024630010
　　　　　　　　　　　　　　　　　　　　　　　　开票日期：20×8 年 12 月 4 日

购买方信息	名称：	上海精华实业公司			销售方信息	名称：	上海快捷运输服务有限公司		
	统一社会信用代码/纳税人识别号：91310105200205882K					统一社会信用代码/纳税人识别号：91310106500201543K			
项目名称	单位	数量		单价	金额	税率/征收率		税额	
运费					500.00	9%		45.00	
合　　计					￥500.00			￥45.00	
运输工具种类	运输工具牌号			起运地		到达地		运输货物名称	
卡车	沪 A58796			上海		宁波		电烤箱	
价税合计（大写）		⊗ 伍佰肆拾伍元整					（小写）￥545.00		
备注	销方开户银行：工行天山西路支行；银行账号：401016101019								

开票人：高进

凭10-2

中国工商银行
转账支票存根（沪）
支票号码：ⅨⅡ05348808

科　　目：_____
对方科目：_____
出票日期 20×8年12月4日

收款人：	上海快捷运输服务有限公司
金　额：	¥545.00
用　途：	支付销售电烤箱时发生的运费

单位主管 王昕　会计 刘征

凭11

中国工商银行　进账单　（收账通知）

20×8年12月4日　　　　　　　　第0141号

付款人	全　称	宁波百货公司	收款人	全　称	上海精华实业公司
	账　号	20535786312		账　号	804005101011
	开户银行	工行解放北路支行		开户银行	工行延西支行

金额	人民币(大写) 伍拾万捌仟伍佰元整	千	百	十	万	千	百	十	元	角	分
			¥	5	0	8	5	0	0	0	0

票据种类	转账支票
票据张数	1

工商银行延西支行
20×8年12月4日
转讫
收款人开户行盖章

单位主管　　　会计　　　复核　　　记账

此联是收款人开户行交给收款人的回单或收账通知

凭12-1

电子发票（增值税专用发票）

发票号码：23312000000021148874
开票日期：20×8 年 12 月 4 日

购买方信息	名　称：上海精华实业公司 统一社会信用代码/纳税人识别号：91310105200205882K					销售方信息	名　称：上海长宁税务咨询公司 统一社会信用代码/纳税人识别号：91310102100665896K			
项目名称	规格型号	单 位	数 量	单 价	金 额			税率/征收率	税 额	
税务咨询费					4 000.00			6%	240.00	
合　　计					￥4 000.00				￥240.00	
价税合计（大写）	⊗肆仟贰佰肆拾元整						（小写）￥4 240.00			
备注	销方开户银行：工行长宁支行；银行账号：805042145287									

开票人：刘海梅

凭12-2

中国工商银行
转账支票存根（沪）
支票号码：Ⅸ Ⅱ 05348809

科　　目 ＿＿＿＿＿＿＿
对方科目 ＿＿＿＿＿＿＿
出票日期 20×8 年 12 月 4 日

收款人：上海长宁税务咨询公司
金　额：￥4 240.00
用　途：税务咨询费

单位主管 王昕　会计 刘征

凭13-1

中华人民共和国税收缴款书

( )国缴 050022 号

隶属关系：
经济类型：　　　　　　填发日期：20×8年12月7日　　征收机关：国税延西分局

缴款单位	代　码	5882	预算科目	款	所得税
	全　称	上海精华实业公司		项	
	开户银行	工商延西支行		级次	中央税
	账　号	804005101011	收缴国库		工行徐汇支行

税款所属日期 20×8年11月　　　　　税款限缴日期 20×8年12月10日

品目名称	课税数量	计税金额或销售收入	税率或单位税额	已缴或扣除数	实缴税额							
					百	十	万	千	百	十	元	角	分
所得税							8	4	2	0	0	0	0

合计金额（大写）捌万肆仟贰佰元整　　　　　　　　　　　￥ 8 4 2 0 0 0 0

缴款单位（盖章）　税务机关（盖章）　填票人（章）　　上列款项已收妥并划收款单位账户　　国库（银行）盖章　20×8年12月7日

经办人（章）

注：逾期不缴款按税法规定加收滞纳金；无银行收讫章无效。

凭13-2

中华人民共和国税收缴款书

( )国缴 050023 号

隶属关系：
经济类型：　　　　　　填发日期：20×8年12月7日　　征收机关：国税延西分局

缴款单位	代　码	5882	预算科目	款	增值税
	全　称	上海精华实业公司		项	
	开户银行	工商延西支行		级次	共享税
	账　号	804005101011	收缴国库		工行徐汇支行

税款所属日期 20×8年11月　　　　　税款限缴日期 20×8年12月10日

品目名称	课税数量	计税金额或销售收入	税率或单位税额	已缴或扣除数	实缴税额							
					百	十	万	千	百	十	元	角	分
增值税								4	0	0	0	0	0

合计金额（大写）肆万元整　　　　　　　　　　　￥　 4 0 0 0 0 0

缴款单位（盖章）　税务机关（盖章）　填票人（章）　　上列款项已收妥并划收款单位账户　　国库（银行）盖章　20×8年12月7日

经办人（章）

注：逾期不缴款按税法规定加收滞纳金；无银行收讫章无效。

凭 13-3

中华人民共和国税收缴款书

税收

（　）国缴 050024 号

隶属关系：						填发日期 20×8 年 12 月 7 日			征收机关：国税延西分局								
经济类型：																	

缴款单位	代　码	5882		预算科目	款	城市维护建设税								
	全　称	上海精华实业公司			项									
	开户银行	工商延西支行			级次	共享税								
	账　号	804005101011		收缴国库		工行徐汇支行								

税款所属日期 20×8 年 11 月　　　　税款限缴日期 20×8 年 12 月 10 日

品目名称	课税数量	税金额或销售收入	税率或单位税额	已缴或扣除数	实缴税额							
					百	十	万	千	百	十	元	角	分
城市维护建设税								2	8	0	0	0	0
合计金额(大写) 贰仟捌佰元整					￥			2	8	0	0	0	0

缴款单位　税务机关　上列款项已收妥并划收款单位账户
（盖章）　（章）　国库（银行）（盖章）
经办人　填票人　20×8 年 12 月 7 日
（章）　（章）

注：逾期不缴按税法规定加收滞纳金；无银行收讫章无效。

凭 13-4

中华人民共和国税收缴款书

税收

（　）国缴 050025 号

隶属关系：						填发日期 20×8 年 12 月 7 日			征收机关：国税延西分局								
经济类型：																	

缴款单位	代　码	5882		预算科目	款	教育费附加								
	全　称	上海精华实业公司			项									
	开户银行	工商延西支行			级次	共享税								
	账　号	804005101011		收缴国库		工行徐汇支行								

税款所属日期 20×8 年 11 月　　　　税款限缴日期 20×8 年 12 月 10 日

品目名称	课税数量	税金额或销售收入	税率或单位税额	已缴或扣除数	实缴税额							
					百	十	万	千	百	十	元	角	分
教育费附加								1	6	8	0	0	0
合计金额(大写) 壹仟陆佰捌拾元整					￥			1	6	8	0	0	0

缴款单位　税务机关　上列款项已收妥并划收款单位账户
（盖章）　（章）　国库（银行）（盖章）
经办人　填票人　20×8 年 12 月 7 日
（章）　（章）

注：逾期不缴按税法规定加收滞纳金；无银行收讫章无效。

凭 14-1

电子发票（增值税专用发票）

发票号码：23312000000042658691
开票日期：20×8 年 12 月 7 日

购买方信息	名称：上海精华实业公司		销售方信息	名称：上海齐心文具用品有限公司	
	统一社会信用代码/纳税人识别号：91310105200205882K			统一社会信用代码/纳税人识别号：91310102100256127K	

项目名称	规格型号	单位	数量	单价	金额	税率/征收率	税额
文具用品					4 400.00	13%	572.00
合 计					￥4 400.00		￥572.00

价税合计（大写）	⊗肆仟玖佰柒拾贰元整	（小写）￥4 972.00
备注	销方开户银行：工行浦东支行；银行账号：808042145689	

开票人：刘敏

凭 14-2

中国工商银行
转账支票存根（沪）
支票号码：IX II 05348810

科　目	
对方科目	
出票日期	20×8 年 12 月 7 日
收款人	上海齐心文具用品公司
金　额	￥4 972.00
用　途	文具用品费
单位主管 王昕　会计 刘征	

凭 14-3

发料凭证汇总表

单位：上海精华实业公司　　　　　20×8年12月7日　　　　　　　　编号：101号

材料 部门	文具用品			合　计
	数　量	单　价	金　额	
一　车　间			950	950
二　车　间			800	800
运输车间			450	450
管　理　部			1 950	1 950
销　售　部			250	250
合　　　计			4 400	4 400

仓库主管：刘三　　　　　保管：杨军　　　　　发料员：杨军　　　　　制单：赵明

凭 15

中国工商银行　进账单　（收账通知）

20×8年12月7日　　　　　　　　　　　　　　　　　第 0125 号

付款人	全　称	苏州百货公司	收款人	全　称	上海精华实业公司
	账　号	025004098540		账　号	804005101011
	开户银行	工行苏州支行		开户银行	工行延西支行
金额	人民币(大写) 壹拾伍万元整		千 百 十 万 千 百 十 元 角 分 ¥　1 5 0 0 0 0 0 0		
票据种类	商业承兑汇票		工商银行延西支行 20×8年12月7日 转讫 收款人开户行盖章		
票据张数	1				
单位主管　　　会计　　　复核　　　记账					

此联是收款人开户行交给收款人的回单或收账通知

凭16

固定资产入账(出账)通知单

单位：上海精华实业公司　　　　20×8 年 12 月 7 日　　　　　　　编号：010

类别	资产编号	固定资产名称	规格型号	建造单位名称	建造单位日期	建造单位编号	数量	原值	应计折旧总额	月折旧额	使用年限	收回残值	累计已提折旧	净值	所在地	入账(出账)原因
A	1001	机器					1	300 000.00			10				二车间	上级投资

经办人：李明

凭17-1

差旅费报销单

报销日期　20×8 年 12 月 7 日　　　　编号　12-001

姓名	事由及路程	交通费	餐饮费	会务费	住宿费	其他	合计金额	单据张数
张宏	回无锡探亲	85.00			300.00		385.00	3
合计人民币(大写)叁佰捌拾伍元整							¥385.00	3

财务主管：王昕　　部门审核：刘军　　记账：刘征　　出纳：万言萍　　报销人：张宏

凭 17-2

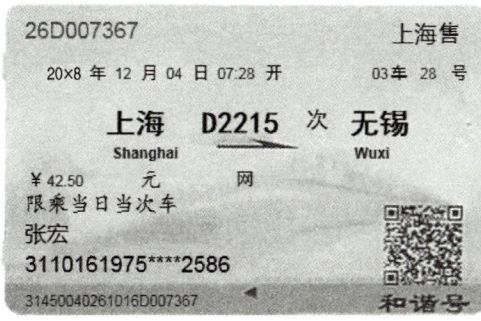

凭 17-3

凭 17-4

发票号码：23312000000396312365

开票日期：20×8年12月4日

购买方信息	名称：上海精华实业公司	销售方信息	名称：无锡湖滨酒店
	统一社会信用代码/纳税人识别号：91310105200205882K		统一社会信用代码/纳税人识别号：91110115341876234K

项目名称	规格型号	单位	数量	单价	金额	税率/征收率	税额
住宿费					283.02	6%	16.98
合计					¥283.02		¥16.98

价税合计（大写）	⊗叁佰元整	（小写）¥300.00
备注	销方开户银行：农行湖滨东路支行；银行账号：302012345691	

开票人：王青红

凭 17-5

专用收款收据

日期 20×8 年 12 月 7 日　　　　　　　　　　No 090301

付款单位（交款人）	张宏	收款单位（领款人）	上海精华实业公司	收款项目	返回多余款项									
人民币（大写）	壹拾伍元整					千	百	十	万	千	百	十	元	角	分	结算方式
					￥						1	5	0	0	现金
收款事由	退回多余预借差旅费			经办	部门	行政部
					人员	张宏
上述款项照数收讫无误。收款单位财务专用章		会计主管	稽核	出纳	交款人
		王昕	刘征	万言萍	张宏

（现金收讫）

凭 18-1

电子发票（增值税专用发票）

发票号码：23312000000025145406
开票日期：20×8 年 12 月 7 日

购买方信息	名称：上海精华实业公司					销售方信息	名称：上海机电物资公司			
	统一社会信用代码/纳税人识别号：91310105200205882K						统一社会信用代码/纳税人识别号：91310044100361101K			
项目名称	规格型号	单 位	数 量	单 价	金 额			税率/征收率		税 额
吸尘器电机		只	5 000	88.50	442 500.00			13%		57 525.00
合 计					￥442 500.00					￥57 525.00
价税合计（大写）	⊗伍拾万零贰佰伍元整						（小写）￥500 025.00			
备注	销方开户银行：工行虹桥支行；银行账号：0254042218040									

开票人：王海军

凭18-2

材料入库单

类别： 原料及主要材料

库别： 材料库　　　　　　20×8年12月7日　　　　　　　　No 0027

材料编号	名称	规格及型号	计量单位	数量 应收	数量 实收	实际成本 买价 单价	实际成本 买价 金额	运杂费	其他	合计	第二联 记账联
	吸尘器电机		只	5 000	5 000	88.50	442 500.00			¥442 500.00	
供应单位	上海机电物资公司			单据号码		25145406					
备注											

仓库主管： 刘三　　　　**验收：** 田天　　　　**采购：** 吴海军　　　　**制单：** 赵明

凭18-3

```
         中国工商银行
        转账支票存根（沪）
       支票号码：IX II 05348811
   科    目 _____
   对方科目 _____
   出票日期 20×8年12月7日
   收款人：上海机电物资公司
   金    额：¥500 025.00
   用    途：支付吸尘器电机材料费

   单位主管 王昕  会计 刘征
```

凭19-1

电子发票（增值税专用发票）

发票号码：23312000000025147125
开票日期：20×8年12月8日

购买方信息								销售方信息				
名称：南京交电公司								名称：上海精华实业公司				
统一社会信用代码/纳税人识别号：91250100430100150K								统一社会信用代码/纳税人识别号：91310105200205882K				

项目名称	规格型号	单位	数量	单价	金额	税率/征收率	税额
吸尘器		台	2 000	350.00	700 000.00	13%	91 000.00
合计					¥700 000.00		¥91 000.00
价税合计（大写）	⊗柒拾玖万壹仟元整					（小写）¥791 000.00	
备注	销方开户银行：工行延西支行；银行账号：804005101011						

开票人：李小龙

凭19-2

银行承兑汇票

X00579212

出票日期（大写）贰零×捌年壹拾贰月零捌日　　第051号

出票人全称	南京交电公司	收款人	全称	上海精华实业公司
出票人账号	02510887766000		账号	804005101011
付款银行全称	工行大鼓楼支行		开户银行	工商银行延西支行

汇票金额	人民币（大写）柒拾玖万壹仟元整	千	百	十	万	千	百	十	元	角	分
				¥	7	9	1	0	0	0	0

汇票到期日	贰零×玖年零壹月零捌日	本汇票已经承兑，到期日由本行付款

本汇票请你行承兑，到期无条件付款

出票人盖章　20×8年12月8日

承兑银行签章　承兑日期 20×8年12月8日

备注：　　复核　记账

此联收款人开户行随委托收款凭证寄付款行作借方凭证附件

被背书人	被背书人
背书人签章 年　月　日	背书人签章 年　月　日

凭19-3

产品出库单

购货单位：南京交电公司　　20×8年12月8日　　编号：K005002

编号	名称及规格	单位	数量	售价	金额	备注
	吸尘器	台	2 000	350.00	700 000.00	
合　计			2 000	350.00	￥700 000.00	

第二联　财务部

会计主管：王昕　　仓库主管：刘三　　保管：杨军　　经发：杨军　　制单：赵明

凭20

贴现凭证 （收账通知）

填写日期 20×8年12月8日　　第0100号

贴现汇票	种　类	银行承兑汇票	号码	X00579212	申请人	全　称	上海精华实业公司
	出票日	20×8年12月8日				账　号	804005101011
	到期日	20×9年1月8日				开户银行	工商银行延西支行
汇票承兑人（或银行）	名称	工商银行延西支行			账号		开户银行

汇票金额	人民币(大写) 柒拾玖万壹仟元整	千	百	十	万	千	百	十	元	角	分
			￥	7	9	1	0	0	0	0	0

贴现率	1%	贴现利息	千	百	十	万	千	百	十	元	角	分	实付贴现金额	千	百	十	万	千	百	十	元	角	分
						￥	7	9	1	0	0	0					￥	7	8	3	0	9	0	0

上述款项已转入你单位账户
工商银行延西支行
20×8年12月8日
此致
讫
银行盖章
20×8年12月8日

银行审批

同意贴现
20×8年12月8日

备注

此联银行给贴现申请人存款户的收账通知

复核　　　　　　　　　　　记账

凭 21-1

电子发票(增值税专用发票)

发票号码：23312000000025145485
开票日期：20×8年12月8日

购买方信息	名称：上海精华实业公司 统一社会信用代码/纳税人识别号：91310105200205882K	销售方信息	名称：江南塑料制品厂 统一社会信用代码/纳税人识别号：91310104340051060K

项目名称	规格型号	单位	数量	单价	金额	税率/征收率	税额
吸尘器塑壳		套	5 000	84.90	424 500.00	13%	55 185.00
合 计					￥424 500.00		￥55 185.00
价税合计(大写)	⊗肆拾柒万玖仟陆佰捌拾伍元整				(小写)￥479 685.00		
备注	销方开户银行：工行肇嘉浜支行；银行账号：803100671120						

开票人：刘超

凭 21-2

材料入库单

类别：原料及主要材料
库别：材料库   20×8年 12月 8日   No 0028

材料编号	名称	规格及型号	计量单位	数量		实际成本				第二联 记账联
				应收	实收	买价		运杂费	其他 合计	
						单价	金额			
	吸尘器塑壳		套	5 000	5 000	84.90	424 500.00		￥424 500.00	
供应单位	江南塑料制品厂			单据号码		23312000000025145485				
备注										

仓库主管：刘三   验收：田天   采购：吴海军   制单：赵明

凭 21-3

```
中国工商银行
转账支票存根(沪)
支票号码：ⅨⅡ05348812
```

科　　目＿＿＿＿＿＿＿＿＿＿＿
对方科目＿＿＿＿＿＿＿＿＿＿＿
出票日期 20×8年 12月 8日

收款人：江南塑料制品厂
金　　额：¥479 685.00
用　　途：支付吸尘器塑壳材料费

单位主管员　王昕　会计　刘征

凭 22-1

电子发票（增值税专用发票）

发票号码：23312000000025146578
开票日期：20×8年 12月 9日

购买方信息	名称：上海精华实业公司 统一社会信用代码/纳税人识别号：91310105200205882K	销售方信息	名称：上海市物资公司 统一社会信用代码/纳税人识别号：91310102340051478K

项目名称	规格型号	单位	数量	单价	金　额	税率/征收率	税　额
电烤箱箱体		只	4 000	79.50	318 000.00	13%	41 340.00
合　　计					¥318 000.00		¥41 340.00

价税合计（大写）	⊗叁拾伍万玖仟叁佰肆拾元整　　　（小写）¥359 340.00
备注	销方开户银行：工行湖南支行；银行账号：806100671154

开票人：李红梅

凭22-2

材料入库单

类别：原料及主要材料
库别：材料库　　　　　　20×8 年 12 月 9 日　　　　　　　No.0029

材料编号	名称	规格及型号	计量单位	数量		实际成本					第二联 记账联
				应收	实收	买价		运杂费	其他	合计	
						单价	金额				
	电烤箱箱体		只	4 000	4 000	79.50	318 000.00			￥318 000.00	
供应单位	上海市物资公司			单据号码		23312000000025146578					
备注											

仓库主管：刘三　　　　**验收**：田天　　　　**采购**：吴海军　　　　**制单**：赵明

凭22-3

中国工商银行
转账支票存根（沪）
支票号码：IX II 05348813

科　　目 _____
对方科目 _____
出票日期 20×8 年 12 月 9 日

收款人：上海市物资公司
金　额：￥359 340.00
用　途：支付电烤箱箱体材料费

单位主管 王昕　　会计 刘征

凭23

委托收款凭证 （付款通知）

委托日期 20×8 年 12 月 9 日　　　委托号码：69875

付款人	全 称	上海精华实业公司	收款人	全 称	闵行电机公司
	账 号	804005101011		账 号	804004098356
	开户银行	工商银行延西支行		开户银行	工行龙吴路支行

委托金额	人民币(大写) 壹拾肆万捌仟元整	千 百 十 万 千 百 十 元 角 分
		¥　　1 4 8 0 0 0 0 0

款项内容	到期的商业汇票款	委托收款凭据名称		附寄单据张数	

备注：

款项收妥日期　　年　月　日

工商银行延西支行
20×8年12月9日
付款人　银行签章
转讫
20×8 年 12 月 9 日
记账

单位主管　　　　会计　　　　复核　　　　记账

此联作付款人开户银行给付款单位的付款通知

凭24-1

差旅费报销单

报销日期 20×8 年 12 月 9 日　　　编号 12-002

姓 名	事由及路程	交通费	餐饮费	会务费	住宿费	其他	合计金额	单据张数
雷凌	去杭州考察材料供应商	56.00	800.00				856.00	3
合计人民币(大写) 捌佰伍拾陆元整							¥856.00	3

财务主管：王昕　　部门审核：刘晓明　　记账：刘征　　出纳：万言萍　　报销人：雷凌

凭24-2

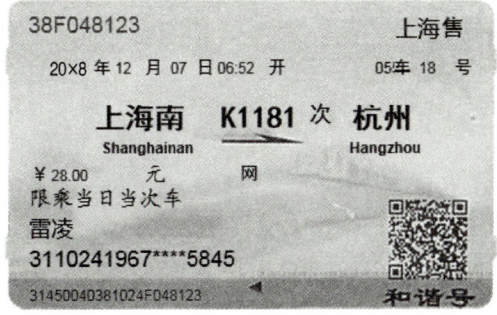

凭24-3

凭24-4

发票号码：23312000000032145236
开票日期：20×8年12月7日

购买方信息	名称：上海精华实业公司					销售方信息	名称：杭州迎客来酒店		
	统一社会信用代码/纳税人识别号：91310105200205882K						统一社会信用代码/纳税人识别号：91101123489761236K		
项目名称	规格型号	单位	数量	单价	金额		税率/征收率		税额
餐费					754.72		6%		45.28
合　计					￥754.72				￥45.28
价税合计（大写）			⊗捌佰元整				（小写）￥800.00		
备注	销方开户银行：工行龙津西路支行；银行账号：4120174775869								

开票人：杨潇

凭 24-5

专用收款收据

日期 20×8 年 12 月 9 日　　　　　No 090302

付款单位（交款人）	雷凌	收款单位（领款人）	上海精华实业公司	收款项目				返回多余款项					
人民币（大写）	壹佰肆拾肆元整			千	百	十	万	千	百	十	元	角	分	结算方式
				¥				1	4	4	0	0	现金
收款事由	退回多余预借差旅费			经办	部门			厂部					
					人员			雷凌					
上述款项照数收讫无误。收款单位财会专用章		会计主管	稽核	出纳				交款人					
		王昕	刘征	万言萍				雷凌					

（现金收讫）

- - - - - - ✂ - ✂ - - - - - -

凭 25-1

电子发票（增值税专用发票）　　　发票号码：23312000000042688111
　　　　　　　　　　　　　　　　开票日期：20×8 年 12 月 10 日

购买方信息	名称：	上海精华实业公司				销售方信息	名称：	中国电信股份有限公司上海分公司		
	统一社会信用代码/纳税人识别号：91310105200205882K						统一社会信用代码/纳税人识别号：91310046671143758K			
项目名称	规格型号	单位	数量	单价		金额		税率/征收率		税额
电信基础服务						3 600.00		9%		324.00
合　　计						¥3 600.00				¥324.00
价税合计（大写）		⊗叁仟玖佰贰拾肆元整						（小写）¥3 924.00		
备注	销方开户银行：工行延西支行；银行账号：804042141235									

开票人：李欢

凭25-2

电子发票(增值税专用发票)

发票号码：23312000000042688112
开票日期：20×8年12月10日

购买方信息	名称：上海精华实业公司				销售方信息	名称：中国电信股份有限公司上海分公司		
	统一社会信用代码/纳税人识别号：91310105200205882K					统一社会信用代码/纳税人识别号：91310046671143758K		

项目名称	规格型号	单位	数量	单价	金额	税率/征收率	税额
电信增值服务					800.00	6%	48.00
合 计					¥800.00		¥48.00

价税合计(大写)	⊗捌佰肆拾捌元整	(小写) ¥848.00

备注	销方开户银行：工行延西支行；银行账号：804042141235

开票人：李欢

凭25-3

委托收款凭证 （付款通知）

委托日期 20×8 年 12 月 10 日　　　　无付款期

付款人	全 称	上海精华实业公司	收款人	全 称	中国电信股份有限公司上海分公司	千	百	十	万	千	百	十	元	角	分
	账 号	804072003105		账 号	804042141235										
	开户银行	工行延西支行		开户银行	工行延西支行					¥	4	7	2	0	0

委托金额	人民币(大写) 肆仟柒佰柒拾贰元整

款项内容	支付 20×8 年 12 月电信服务费	委托收款凭据名称		附寄单据张数	

备注：按合同规定付款	付款人注意： 1) 根据结算方法，上列款项如在付款期限内未拒付时，即视同同意付款，以此联代付款通知。 2) 如需提前付款或多付款时，立另书面通知送银行办理

单位主管：　　　　会计：　　　　复核：　　　　记账：

此联是付款人开户银行给付款人按期付款的通知

（工商银行延西支行 20×8年12月10日 转讫）

凭26

中国工商银行 现金支票存根（沪）IX II 05276408	中国工商银行　现金支票（　）IX II 05276408
科　目＿＿＿＿ 对方科目＿＿＿ 出票日期　年 月 日 收款人： 金　额： 用　途： 单位主管 王昕　会计 刘征	出票日期（大写）　年 月 日　付款行名称： 收款人：　　　　　　　　　出票人账号： 人民币（大写）　　千 百 十 万 千 百 十 元 角 分 用途＿＿＿＿　　科目（借）＿＿＿＿ 上列款项请从　　对方科目（贷）＿＿＿＿ 我账户内支付　　转账日期　年 月 日 出票人签章（章）　复核　　记账

备注：公司提现2 000元备用，要求完成原始凭证的填制工作。

凭27-1

　　发票号码：23312000000025147125

电子发票（增值税专用发票）　开票日期：20×8年12月8日

购买方信息	名称：杭州交电公司 统一社会信用代码/纳税人识别号：91260010200205458K	销售方信息	名称：上海精华实业公司 统一社会信用代码/纳税人识别号：91310105200205882K

项目名称	规格型号	单位	数量	单价	金额	税率/征收率	税额
电烤箱		台	2 000	300.00	600 000.00	13%	78 000.00
合计					￥600 000.00		￥78 000.00
价税合计（大写）	⊗陆拾柒万捌仟元整				（小写）￥678 000.00		
备注	销方开户银行：工行延西支行；银行账号：804005101011						

开票人：李小龙

附加信息：	
	收款人签章 年　月　日
身份证件名称：	发证机关：
号码	

凭27-2

产品出库单

购货单位：杭州交电公司　　　　20×8年 12月 10日　　　　　　　　编号：K005003

编号	名称及规格	单位	数量	售价	金额	备注
	电烤箱	台	2 000	300.00	600 000.00	
	合　计		2 000	300.00	600 000.00	

第二联　财务部

会计主管：王昕　　　仓库主管：刘三　　　保管：杨军　　　经发：杨军　　　制单：赵明

凭28

中国工商银行
转账支票存根（沪）
支票号码：IX II 05348814

科　　目 _____
对方科目 _____
出票日期 20×8年 12月 10日

收款人：上海铁路局
金　额：¥500.00
用　途：代垫 12月 10日销售电烤箱发生的运费

单位主管 王昕　　会计 刘征

凭29

中国工商银行
转账支票存根（沪）
支票号码：IX II 05348815

科　　目 _____
对方科目 _____
出票日期 20×8 年 12 月 10 日

收款人：华东机械厂
金　　额：￥100 000.00
用　　途：支付前欠货款

单位主管 王昕　会计 刘征

凭30

中国工商银行　信汇凭证　（回单）

委托日期 20×8 年 12 月 11 日　　　　第 0115 号

汇款人	全　称	上海精华实业公司	收款人	全　称	南京电子元件有限公司
	账　号	804005101011		账　号	540024098879
	汇出地点	上海		汇入地点	江苏省南京市
汇出行名称		工行延西支行	汇入行名称		工行金陵支行

金额	人民币（大写）	捌万元整	千	百	十	万	千	百	十	元	角	分
					￥	8	0	0	0	0	0	0

工商银行延西支行
20×8年12月11日
转讫

支付密码

附加信息及用途：支付前欠材料款

汇出行签章　　　复核：　　　记账：

此联汇出行给汇款人的回执

凭 31-1

费用报销单

报销日期：20×8 年 12 月 11 日

费用项目	类别	金额	负责人(签章)	刘军
公司经费	业务招待费	1 400.00		
			审查意见	同意报销 王昕
			报销人	黄海明
报销金额合计		￥1 400.00	现金付讫	

核实金额(大写)：人民币壹仟肆佰元整

借款数	应退数	应补金额

审核 王昕   出纳 万言萍

凭 31-2

电子发票（普通发票）

发票号码：23312000000028784512

开票日期：20×8 年 12 月 11 日

购买方信息	名称：上海精华实业公司					销售方信息	名称：上海银饭碗饭店			
	统一社会信用代码/纳税人识别号：91310105200205882K						统一社会信用代码/纳税人识别号：91320523540215334K			
项目名称	规格型号	单位	数量	单价	金 额			税率/征收率		税 额
餐费					1 320.75			6%		79.25
合 计					￥1 320.75					￥79.25
价税合计(大写)			⊗壹仟肆佰元整				(小写)￥1 400.00			
备注	销方开户银行：工行天钥桥支行；银行账号：101021447859									

开票人：王秀秀

凭32-1

电子发票(增值税专用发票)

发票号码：23312000000025167858
开票日期：20×8年12月11日

购买方信息	名称：上海精华实业公司 统一社会信用代码/纳税人识别号：91310105200205882K				销售方信息	名称：上海市电器燃料有限公司 统一社会信用代码/纳税人识别号：91310102340067891K			
项目名称	规格型号	单位	数量	单价	金额		税率/征收率	税额	
燃料		升	1 000	5.7	5 700.00		13%	741.00	
合　计					¥5 700.00			¥741.00	
价税合计（大写）	⊗陆仟肆佰肆拾壹元整					（小写）¥6 441.00			
备注	销方开户银行：工行罗秀支行；银行账号：806100675678								

开票人：刘杨

凭32-2

材料入库单

类别：原料及主要材料
库别：材料库　　　　　20×8年12月11日　　　　　No.0030

材料编号	名称	规格及型号	计量单位	数量		实际成本				
				应收	实收	买价		运杂费	其他	合计
						单价	金额			
	燃料		升	1 000	1 000	5.7	5 700.00			5 700.00
供应单位	上海市电器燃料有限公司			单据号码		23312000000025167858				
备注										

仓库主管：刘三　　　　　验收：田天　　　　　采购：吴海军　　　　　制单：赵明

凭32-3

中国工商银行
转账支票存根(沪)
支票号码：IX II 05348816

科　　目 _____
对方科目 _____
出票日期 20×8 年 12 月 11 日

收款人：上海电器燃料有限公司
金　　额：￥6 441.00
用　　途：支付燃料费

单位主管 王昕　　会计 刘征

凭33-1

上海市企业单位统一收据
记　账　联

发票代码：231000501151
发票号码：00866100

交款单位　上海精华贸易公司　　　　　　　　　　20×8 年 12 月 11 日

收款内容	单位	金额	总计金额									备注
			百	十	万	千	百	十	元	角	分	
联营企业分配的利润				1	2	0	0	0	0	0	0	
合计人民币(大写) 壹拾贰万元整			￥	1	2	0	0	0	0	0	0	

开票单位(盖章有效)　　　　　　　　　税务登记号
地址　　　　　　　　　　　　　　　　开户银行
收款人　万言萍　　　　　　　　　　　账号

凭33-2

中国工商银行　进账单　（收账通知）

20×8年12月11日　　　　　　　　　　　　第0156号

付款人	全称	上海精华贸易公司	收款人	全称	上海精华实业公司
	账号	804004178458		账号	804005101011
	开户银行	工行衡山支行		开户银行	工行延西支行
金额	人民币(大写)	壹拾贰万元整	千百十万千百十元角分 ¥ 1 2 0 0 0 0 0 0		
票据种类		转账支票			
票据张数		1			

单位主管　　会计　　复核　　记账　　　　收款人开户行盖章

（工商银行延西支行 20×8年12月11日 转讫）

此联是收款人开户行交给收款人的回单或收账通知

凭34-1

固定资产入账(出账)通知单

单位：上海精华实业公司　　　20×8年12月11日　　　　　编号：011

类别	资产编号	固定资产名称	规格型号	建造单位名称	建造单位日期	建造单位编号	数量	原值	折旧额 应计折旧总额	折旧额 月折旧额	使用年限	收回残值	累计已提折旧	净值	所在地	入账(出账)原因
A	1010	设备	M-01				1	46 000.00			10	29 380.00	25 000.00		一车间	把不需用的设备出售给汇丰实业公司

经办人：李明

凭 34-2

电子发票（增值税专用发票）

发票号码：23312000000025147127
开票日期：20×8 年 12 月 11 日

购买方信息	名称	上海汇丰实业公司				销售方信息	名称	上海精华实业公司		
	统一社会信用代码/纳税人识别号：91310100271889258K						统一社会信用代码/纳税人识别号：91310105200205882K			

项目名称	规格型号	单位	数量	单价	金额	税率/征收率	税额
面板模具	M 01	台	1	26 000.00	26 000.00	13%	3 380.00
合　计					￥26 000.00		￥3 380.00
价税合计（大写）	⊗贰万玖仟叁佰捌拾元整				（小写）￥29 380.00		
备注	销方开户银行：工行延西支行；银行账号：804005101011						

开票人：李小龙

凭 34-3

中国工商银行　进账单　（收账通知）

20×8年 12 月 11 日　　　　　　第 0158 号

付款人	全　称	汇丰实业公司		收款人	全　称	上海精华实业公司									
	账　号	804004174589			账　号	804005101011									
	开户银行	工行宛平南路支行			开户银行	工行延西支行									
金额	人民币（大写）贰万玖仟叁佰捌拾元整					千	百	十	万	千	百	十	元	角	分
								￥	2	9	3	8	0	0	0
票据种类	转账支票				工商银行延西支行 20×8年12月11日 转讫 收款人开户行盖章										
票据张数	1														
单位主管　　　会计　　　复核　　　记账															

凭 35

固定资产清理损益结转表
年　月　日

项　　目	金　额（元）
资产处置损益	

凭 36-1

发票号码：23312000000061146126
开票日期：20×8 年 12 月 14 日

购买方信息	名称：上海精华实业公司								
	统一社会信用代码/纳税人识别号：91310105200205882K								

销售方信息	名称：上海文化广告有限公司								
	统一社会信用代码/纳税人识别号：91310102600127865K								

项目名称	规格型号	单　位	数　量	单　价	金　额	税率/征收率	税　额
广告费					15 000.00	6%	900.00
合　计					￥15 000.00		￥900.00
价税合计（大写）	⊗壹万伍仟玖佰元整				（小写）￥15 900.00		
备注	销方开户银行：工行闵行支行；银行账号：808092180963						

开票人：周立波

凭 36-2

```
中国工商银行
转账支票存根（沪）
支票号码：IX II 05348817

科     目 _____
对方科目 _____
出票日期 20×8年 12月 14日

收款人： 上海文化广告有限公司
金  额： ￥15 900.00
用  途： 支付广告费

单位主管 王昕    会计 刘征
```

凭 37-1

固定资产报废单

单位：上海精华实业公司　　　　20×8年 12月 14日

类别	资产编号	固定资产名称	规格型号	预计使用年限	已使用年限	原值	累计已提折旧	预计残值
A	1009	设备		10	8	32 000.00	24 000.00	2 000.00

报废原因	技术部门意见	处理意见	使用部门意见	主管领导意见	报废日期
主要部件已经严重毁损	达不到精度要求，建议报废	送虬江废旧物资市场	建议报废	同意 刘晓明	20×8年12月14日

凭37-2

固定资产入账(出账)通知单

单位：上海精华实业公司　　　　20×8 年 12 月 14 日　　　　编号：012

类别	资产编号	固定资产名称	规格型号	建造单位			数量	原值	折旧额		使用年限	收回残值	累计已提折旧	净值	所在地	大账(出账)原因
				名称	日期	编号			应计折旧总额	月折旧额						
A	1009	机床	D-05				1	32 000.00			10		24 000.00		一车间	无法继续使用，批准报废

经办人：李明

凭38-1

电子发票（增值税专用发票）

发票号码：23312000000085236103
开票日期：20×8 年 12 月 14 日

购买方信息	名称：上海精华实业公司	销售方信息	名称：上海红旗起重搬运公司
	统一社会信用代码/纳税人识别号：91310105200205882K		统一社会信用代码/纳税人识别号：91310105200205456K

项目名称	规格型号	单位	数量	单价	金额	税率/征收率	税额
装卸费					500.00	6%	30.00
合　计					¥500.00		¥30.00
价税合计（大写）		⊗伍佰叁拾元整				（小写）¥530.00	
备注	销方开户银行：工行虹口支行；银行账号：806056980932						

开票人：肖刚

凭 38-2

中国工商银行
转账支票存根(沪)
支票号码：IX II 05348818

科　　目：_____
对方科目：_____
出票日期 20×8 年 12 月 14 日

收款人：上海红旗起重搬运公司
金　　额：¥530.00
用　　途：支付机床装卸费

单位主管 王昕　　会计 刘征

凭 38-3

发票号码：23312000000025147128
开票日期：20×8 年 12 月 14 日

购买方信息	名称：上海希望废物回收有限公司
	统一社会信用代码/纳税人识别号：91310100271885214K

销售方信息	名称：上海精华实业公司
	统一社会信用代码/纳税人识别号：91310105200205882K

项目名称	规格型号	单位	数量	单价	金额	税率/征收率	税额
机床	D-05	台	1	2 600.00	2 600.00	13%	338.00
合　计					¥2 600.00		¥338.00

价税合计(大写)　⊗贰仟玖佰叁拾捌元整　　(小写)¥2 938.00

备注：销方开户银行：工行延西支行；银行账号：804005101011

开票人：李小龙

凭38-4

中国工商银行　进账单　（收账通知）

20×8年12月14日　　　　　　　　　　第0161号

付款人	全称	上海希望废品回收有限公司	收款人	全称	上海精华实业公司
	账号	73035786548		账号	804005101011
	开户银行	工行金山支行		开户银行	工行延西支行

金额	人民币（大写）贰仟玖佰叁拾捌元整	千	百	十	万	千	百	十	元	角	分
					¥	2	9	3	8	0	0

票据种类	转账支票
票据张数	1

工商银行延西支行
20×8年12月14日
转讫

收款人开户行盖章

单位主管　　会计　　复核　　记账

此联是收款人开户行交给收款人的回单或收账通知

凭39

固定资产清理损益结转表

年　月　日

项　目	金　额（元）
营业外收入	
营业外支出	

凭40-1

货物运输服务				

电子发票（增值税专用发票）　　发票号码：23312000000022583001
　　　　　　　　　　　　　　　　开票日期：20×8 年 12 月 14 日

购买方信息	名　称：	上海市南打包站	销售方信息	名　称：	上海精华实业公司
	统一社会信用代码/纳税人识别号：91310105200201245K			统一社会信用代码/纳税人识别号：91310105200205882K	

项目名称	单位	数量	单价	金额	税率/征收率	税额
运费				10 000.00	9%	900.00
合　计				￥10 000.00		￥900.00

运输工具种类	运输工具牌号	起运地	到达地	运输货物名称
卡车	沪 A54625	上海	宁波	包装箱

价税合计（大写）	⊗壹万零玖佰元整	（小写）￥10 900.00

备注	销方开户银行：工行延西支行；银行账号：804005101011 收货人：宁波市北新包装有限公司

开票人：李小龙

凭40-2

中国工商银行　进账单　（收账通知）

20×8年 12 月 14 日　　　　　　　　第 0162 号

付款人	全　称	上海市南打包站	收款人	全　称	上海精华实业公司
	账　号	804004112436		账　号	804005101011
	开户银行	工行南站支行		开户银行	工行延西支行

金额	人民币（大写）壹万零玖佰元整	千	百	十	万	千	百	十	元	角	分
				￥	1	0	9	0	0	0	0

票据种类	转账支票	工商银行延西支行
票据张数	1	20×8年12月14日 转讫

单位主管　　会计　　复核　　记账	收款人开户行盖章

凭41

中国工商银行　信汇凭证　（收账通知）

委托日期 20×8 年 12 月 14 日　　　第 0189 号

汇款人	全称	杭州交电公司			收款人	全称	上海精华实业公司		
	账号或地址	560357863121				账号或地址	804005101011		
	汇出地点	杭州市	汇出行名称	工行西湖支行		汇入地点	上海市	汇入行名称	工行延西支行

金额	人民币（大写）	陆拾柒万捌仟伍佰元整	千	百	十	万	千	百	十	元	角	分
				¥	6	7	8	5	0	0	0	0

汇款用途：货款

工商银行延西支行
20×8年12月14日

留行待取预留
收款人印鉴

上列款项已代进账，如有错误请持此联来行面洽。

上列款项已照收无误。讫

科目（借）
对方科目（贷）

汇入行盖章
20×8 年 12 月 14 日

收款人盖章
年　月　日

汇入行解汇日期　年　月　日
复核　　记账　　出纳

此联给收款人的收账通知或代取款收据

凭42-1

电子发票（增值税专用发票）

发票号码：23312000000025167871
开票日期：20×8 年 12 月 14 日

购买方信息	名称：上海精华实业公司					销售方信息	名称：上海电子器材有限公司			
	统一社会信用代码/纳税人识别号：91310105200205882R						统一社会信用代码/纳税人识别号：91310102540051026K			

项目名称	规格型号	单位	数量	单价	金额	税率/征收率	税额
电热元件		套	4 500	71.00	319 500.00	13%	41 535.00
合　计					¥319 500.00		¥41 535.00
价税合计（大写）	⊗叁拾陆万壹仟零叁拾伍元整					（小写）¥361 035.00	

备注：销方开户银行：工行龙吴支行；银行账号：806100656123

开票人：李红

凭 42-2

材料入库单

类别：原料及主要材料
库别：材料库　　　　　　　20×8 年 12 月 14 日　　　　　　　　No 0031

材料编号	名称	规格及型号	计量单位	数量 应收	数量 实收	实际成本 买价 单价	实际成本 买价 金额	运杂费	其他	合计
	电热元件		套	4 500	4 500	71.00	319 500.00			319 500.00
供应单位	上海电子器材有限公司		单据号码			23312000000025167871				
备注										

第二联　记账联

仓库主管：刘三　　　验收：田天　　　采购：吴海军　　　制单：赵明

凭 42-3

中国工商银行
转账支票存根（沪）
支票号码：IX II 05348819

科　　目 _____
对方科目 _____
出票日期 20×8 年 12 月 14 日

收款人	上海电子器材有限公司
金　额	¥361 035.00
用　途	支付电热元件材料费

单位主管 王昕　　会计 刘征

凭43

中国工商银行　电汇凭证　（收账通知）

委托日期 20×8 年 12 月 14 日　　第 0189 号

汇款人	全称	金凤贸易有限公司		收款人	全称	上海精华实业公司	
	账号或地址	804217863411			账号或地址	804005101011	
	汇出地点	上海市	汇出行名称	工行斜土路支行	汇入地点	上海市	汇入行名称	工行延西支行

金额	人民币（大写）	壹拾柒万元整	千 百 十 万 千 百 十 元 角 分
			¥　　　1 7 0 0 0 0 0 0

汇款用途：货款

工商银行延西支行
20×8年12月14日

留行待取预留
收款人印鉴

科目（借）
对方科目（贷）

上列款项已代进账，如有错误请持此联来行面洽。
汇入行盖章
20×8 年 12 月 14 日

上列款项已照数无误。
讫
收款人盖章
　　年　　月　　日

汇入行解汇日期　　年　　月　　日
复核　　　记账　　　出纳

凭44-1

电子发票（增值税专用发票）

发票号码：23312000000025178953
开票日期：20×8 年 12 月 15 日

购买方信息	名称：	上海精华实业公司		销售方信息	名称：	上海第十五金商店	
	统一社会信用代码/纳税人识别号：91310105200205882K				统一社会信用代码/纳税人识别号：91310102150051402K		

项目名称	规格型号	单位	数量	单价	金额	税率/征收率	税额
辅助材料					50 000.00	13%	6 500.00
合　计					¥50 000.00		¥6 500.00

价税合计（大写）	⊗伍万陆仟伍佰元整	（小写）¥56 500.00

备注：销方开户银行：工行蓬莱支行；银行账号：806100656489

开票人：吴畅

凭44-2

材料入库单

类别：原料及主要材料

库别：材料库　　　　　　　　20×8 年 12 月 15 日　　　　　　　　No 0032

材料编号	名称	规格及型号	计量单位	数量		实际成本				第二联　记账联
				应收	实收	买价		运杂费	其他	合计
						单价	金额			
	辅助材料		千克				50 000.00			50 000.00
供应单位	上海第十五金商店		单据号码	23312000000025178953						
备注										

仓库主管：刘三　　　验收：田天　　　采购：吴海军　　　制单：赵明

凭44-3

中国工商银行
转账支票存根（沪）
支票号码：IX II 05348820

科　　目
对方科目
出票日期 20×8 年 12 月 15 日

收款人：上海第十五金商店
金　额：¥56 500.00
用　途：支付辅助材料费

单位主管 王昕　　会计 刘征

凭45-1

电子发票（增值税专用发票）

发票号码：23312000000025178953
开票日期：20×8年12月15日

| 购买方信息 | 名称：上海精华实业公司 统一社会信用代码/纳税人识别号：91310105200205882K | 销售方信息 | 名称：梅陇物资公司 统一社会信用代码/纳税人识别号：91310104540051287K |

项目名称	规格型号	单位	数量	单价	金额	税率/征收率	税额
低值易耗品					58 000.00	13%	7 540.00
合　　计					￥58 000.00		￥7 540.00
价税合计（大写）	⊗陆万伍仟伍佰肆拾元整				（小写）￥65 540.00		
备注	销方开户银行：工行罗秀支行；银行账号：804007863121						

开票人：陆诗云

凭45-2

材料入库单

类别：原料及主要材料
库别：材料库 　　　　　　20×8年12月15日　　　　　　No 0033

材料编号	名称	规格及型号	计量单位	数量		实际成本			
				应收	实收	买价		运杂费	其他	合计
						单价	金额			
	低值易耗品						58 000.00			58 000.00
供应单位	梅陇物资公司			单据号码		23312000000025178953				
备注										

仓库主管：刘三　　　　验收：田天　　　　采购：吴海军　　　　制单：赵明

凭45-3

中国工商银行 电汇凭证 （收账通知）

委托日期 20×8 年 12 月 15 日　　　　第 0120 号

汇款人	全称	梅陇物资公司		收款人	全称	上海精华实业公司	
	账号或地址	804007863121			账号或地址	804005101011	
	汇出地点	上海市	汇出行名称	工行罗秀支行		汇入地点	上海市	汇入行名称	工行延西支行

金额	人民币(大写)	贰仟肆佰陆拾元整	千	百	十	万	千	百	十	元	角	分
							¥	2	4	6	0	0	0

汇款用途：退付余款

工商银行延西支行
20×8年12月15日

留行待取预留
收款人印鉴

上列款项已代进账，如有错误请持此联来行面洽。
上列款项已照收无误。 记讫

科目(借)
对方科目(贷)

汇入行盖章
20×8 年 12 月 15 日

收款人盖章
年 月 日

汇入行解汇日期 年 月 日
复核　　记账　　出纳

凭46-1

上海市公积金汇缴书

20×8 年 12 月 15 日　　　　附变更清册 张

单位名称	上海精华实业公司	☑汇缴	20×8 年 11 月份
账号	31010503190690	□补缴	人数 人

汇缴金额(大写)	肆万玖仟肆佰捌拾捌元整	十万	千	百	十	元	角	分
		¥	4	9	4	8	8	0	0

上月汇缴		本月增加汇缴		本月减少汇缴		本月汇缴	
人数	金额	人数	金额	人数	金额	人数	金额
						95	¥49 488.00

付款行	付款账号	工商银行延西支行 支票号码 20×8年12月15日 转讫
工行延西支行	804005101011	

银行盖章

单位财务主管签名(盖章)：王昕　　　　复核：焦婷婷　　　　制单：许梅

凭46-2

贷记凭证(回单联)	AA	10893869
签发日期	贰零×捌年壹拾贰月壹拾伍日	

付款人	上海精华实业公司
账号	804005101011
开户行	工行延西支行
人民币	￥49 488.00
收款人	上海精华实业公司住房公积金专户
账号	804072003104
开户行	工行延西支行
用途:	缴付11月份的住房公积金

单位主管　会计　复核　记账

① 此联作付款人回单

凭47-1

上海市社会保险基金结算表

单位名称：上海精华实业公司　　20×8年12月15日
单位编码：051112456321　　本月扣款日期：20×8年12月15日　　No 200903

应缴项目	核定金额(元)	应缴项目	核定金额(元)
1. 养老保险缴费基数	353 800.00	21. 工伤保险费缴费基数	353 800.00
2. 补缴历年养老保险缴费工资总额	0	22. 补缴历年工伤保险费缴费基数	0
3. 养老保险单位缴费率	16%	23. 工伤保险单位缴费率	1%
4. 单位应缴养老保险费金额	56 608.00	24. 单位应缴工伤保险费金额	3 538.00
5. 其他应缴养老保险费金额	0	25. 单位缓缴社会保险费金额	0
6. 养老保险费个人缴费总额	28 304.00	26. 应纳金额	95 526.00
7. 其中:个人缴费月基数	0	27. 月养老基数	0
8. 养老保险缴纳合计	84 912.00	28. 一次性调整金额	0
9. 失业保险缴费基数	353 800.00	29. 一次性补助金额	0
10. 补缴历年失业保险缴费工资总额	0	30. 建国前参加革命加发生活费	0
11. 失业保险单位缴费率	0.5%	31. 其他按规定支付额	0
12. 单位应缴失业保险费金额	1 769.00	32. 一次性补充养老金	0
13. 其他应缴失业保险费金额	0	33. 丧葬补助费、抚恤金	0
14. 失业保险费个人缴费总额	1 769.00	34. 其他按规定一次性支付金额	0
15. 其中:个人缴费月基数	0	35. 终止养老保险关系支付额	0
16. 失业保险缴纳合计	3 538.00	36. 房贴	0
17. 生育保险费缴费基数	353 800.00	37. 应支付医疗费	0
18. 补缴历年生育保险费工资总额	0	38. 支付合计	0
19. 生育保险单位缴费率	1%	39. 自负金额	0
20. 单位应缴生育保险费金额	3 538.00	40. 应拨付金额	0

盖章后代付款凭证

合计(大写) 玖万伍仟伍佰贰拾陆元整

打印日期：20×8-12-15　　社会保险经办机构(盖章)：上海市社会保险事业管理中心
补充资料：

① 月末养老保险账户职工95人；
② 月末养老保险缴费人数95人；
③ 月末领取养老金0人；
④ 单位缓缴社会保险费含单位缓缴养老保险费0元,失业保险费0元。

凭47-2

委托收款凭证 （付款通知）

委托日期 20×8 年 12 月 15 日　　　　　　　　无付款期

付款人	全　称	上海精华实业公司	收款人	全　称	上海市社会保险事业基金结算管理中心	此联是付款人开户银行给付款人按期付款的通知
	账　号	804072003105		账　号	6222001005101010	
	开户银行	工行延西支行		开户银行	工行长宁支行	

委托金额	人民币(大写)玖万伍仟伍佰贰拾陆元整	千	百	十	万	千	百	十	元	角	分
				¥	9	5	5	2	6	0	0

款项内容	缴纳 20×8 年 11 月养老保险、失业保险金、生育保险、工伤保险	委托收款凭据名称	工商银行延西支行 20×8年12月15日	附寄单据张数	

备注	按合同规定付款	付款人注意：转 1）根据结算办法，上列款项如在付款期限内未拒付时，即视同同意付款，以此联代付款通知。 2）如需提前付款或多付款时，应另写书面通知送银行办理。

单位主管：　　　　会计：　　　　复核：　　　　记账：

凭47-3

上海市职工医疗保险基金收缴核定表

单位名称：上海精华实业公司　　单位代码：051112456321　　　　　　单位：元

职工人数		缴费工资总额	退休工资总额	计提医疗保险基金					(11)月应上缴医疗：40 687.00元 其中：
在职	退休			基本医疗			重特病统筹		
				单位缴费	个人缴费	合计	单位缴费	合计	单位缴费 33 611.00元
95	95	353 800.00		30 073.00	7 076.00	37 149.00	3 538.00	3 538.00	

填报单位盖章：

负责人：焦婷婷　　　税务机关名称：上海市地税局长宁分局　　医疗保险经办机构盖章：20×8年12月15日

经办人：许 梅　　　纳税人识别号：91310105200205882K

征收管理编号：2015121501

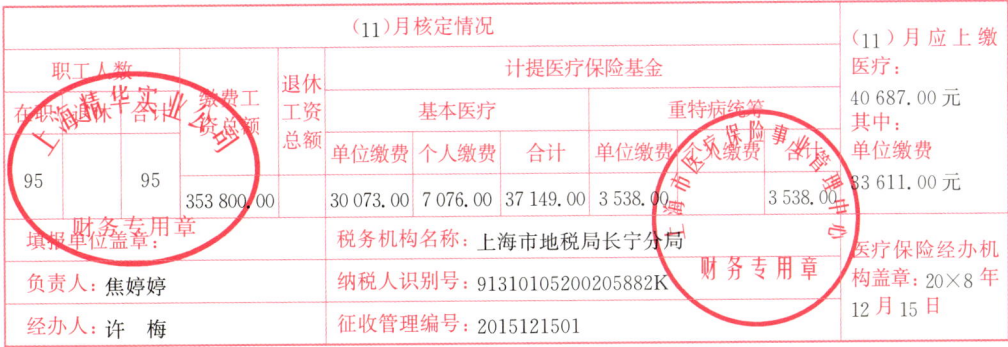

上海市医疗保险分中心制

凭 47-4

委托收款凭证 （付款通知）

委托日期 20×8 年 12 月 15 日　　无付款期

付款人	全称	上海精华实业公司	收款人	全称	上海市长宁区医疗保险事务中心
	账号	804072003105		账号	6222001005188640
	开户银行	工行延西支行		开户银行	工行长宁支行

| 委托金额 | 人民币（大写）肆万零陆佰捌拾柒元整 | 千 百 十 万 千 百 十 元 角 分 ¥ 4 0 6 8 7 0 0 |

| 款项内容 | 缴纳 20×8 年 11 月医疗保险金 | 委托收款凭据名称 | |

备注：按合同规定付款

付款人注意：
1) 根据结算方法，上列款项如在付款期限内未拒付时，即视同同意付款，以此联代付款通知。
2) 如需提前付款或多付款时，应另写书面通知送银行办理。

此联是付款人开户银行给付款人按期付款的通知

单位主管：　　会计：　　复核：　　记账：

凭 48

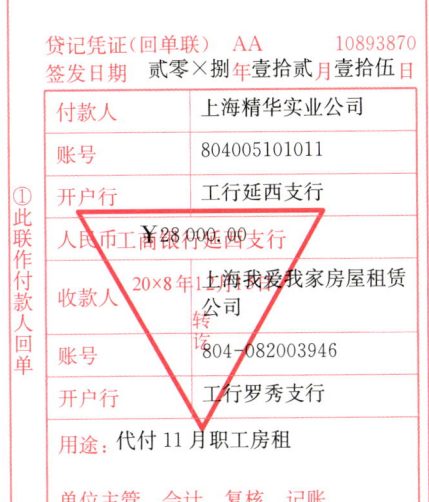

① 此联作付款人回单

凭49-1

电子发票（增值税专用发票）

发票号码：23312000000025147129
开票日期：20×8 年 12 月 16 日

购买方信息	名称：上海交电公司 统一社会信用代码/纳税人识别号：91310105480201235K			销售方信息	名称：上海精华实业公司 统一社会信用代码/纳税人识别号：91310105200205882K			
项目名称	规格型号	单位	数量	单价	金额		税率/征收率	税额
吸尘器		台	2 000	350.00	700 000.00		13%	91 000.00
合 计					￥700 000.00			￥91 000.00
价税合计（大写）	⊗柒拾玖万壹仟元整				（小写）￥791 000.00			
备注	销方开户银行：工行延西支行；银行账号：804005101011							

开票人：李小龙

凭49-2

产品出库单

购货单位：上海交电公司　　20×8 年 12 月 16 日　　编号：K005004

编号	名称及规格	单位	数量	售价	金额	备注
	吸尘器	台	2 000	350.00	700 000.00	
	合　计		2 000		700 000.00	

会计主管：王昕　　仓库主管：刘三　　保管：杨军　　经发：杨军　　制单：赵明

第二联　财务部

凭49-3

中国工商银行　进账单　（收账通知）

20×8 年 12 月 16 日　　　　第 0195 号

付款人	全称	上海交电公司	收款人	全称	上海精华实业公司
	账号	804217863567		账号	804005101011
	开户银行	工行杨树浦路支行		开户银行	工行延西支行

金额	人民币(大写) 柒拾玖万壹仟元整	千	百	十	万	千	百	十	元	角	分
			¥	7	9	1	0	0	0	0	0

票据种类	转账支票
票据张数	1

工商银行延西支行
20×8年12月16日
转讫

收款人开户行盖章

单位主管　　会计　　复核　　记账

此联是收款人开户行交给收款人的回单或收账通知

凭50-1

电子发票（增值税专用发票）

发票号码：23312000000025184563
开票日期：20×8 年 12 月 18 日

购买方信息	名称：	上海精华实业公司	销售方信息	名称：	申新电机厂
	统一社会信用代码/纳税人识别号：	91310105200205882K		统一社会信用代码/纳税人识别号：	91310102600120038K

项目名称	规格型号	单位	数量	单价	金额	税率/征收率	税额
吸尘器电机		只	1 500	90.00	135 000.00	13%	17 550.00
合　计					¥135 000.00		¥17 550.00
价税合计(大写)	⊗壹拾伍万贰仟伍佰伍拾元整				(小写) ¥152 550.00		

备注：销方开户银行：工行局门路支行；银行账号：806100231445

开票人：高微

凭 50-2

材料入库单

类别：原料及主要材料

库别：材料库   20×8 年 12 月 18 日   No 0034

| 材料编号 | 名称 | 规格及型号 | 计量单位 | 数量 | | 实 际 成 本 | | | | 第二联 记账联 |
				应收	实收	买价		运杂费	其他	合计
						单价	金额			
	吸尘器电机		只	1 500	1 500	90.00	135 000.00			135 000.00
供应单位	申新电机厂		单据号码	23312000000025184563						
备注										

仓库主管：刘三　　验收：田天　　采购：吴海军　　制单：赵明

凭 50-3

中国工商银行
转账支票存根（沪）
支票号码：ⅠXⅡ05348821

科　　目 _____
对方科目 _____
出票日期 20×8 年 12 月 18 日

收款人：	申新电机厂
金　额：	￥152 550.00
用　途：	支付吸尘器电机材料费

单位主管 王昕　　会计 刘征

凭 51-1

发票号码：23312000000025185612
开票日期：20×8 年 12 月 23 日

购买方信息	名称：上海精华实业公司 统一社会信用代码/纳税人识别号：91310105200205882K	销售方信息	名称：上海电讯器材公司 统一社会信用代码/纳税人识别号：91310104200126012K

项目名称	规格型号	单位	数量	单价	金额	税率/征收率	税额
电热元件		套	3 500	69.00	241 500.00	13%	31 395.00
合　计					￥241 500.00		￥31 395.00

价税合计（大写）	⊗贰拾柒万贰仟捌佰玖拾伍元整	（小写）￥272 895.00
备注	销方开户银行：工行北翟路支行；银行账号：806100235613	

开票人：许昌

凭 51-2

材料入库单

类别：原料及主要材料
库别：材料库　　　20×8 年 12 月 23 日　　　No 0035

材料编号	名称	规格及型号	计量单位	数量		实际成本				第二联 记账联
				应收	实收	买价		运杂费	其他	合计
						单价	金额			
	电热元件		套	3 500	3 500	69.00	241 500.00			241 500.00
供应单位	上海电讯器材公司			单据号码		23312000000025185612				
备注										

仓库主管：刘三　　　验收：田天　　　采购：吴海军　　　制单：赵明

凭 51-3

中国工商银行
转账支票存根(沪)
支票号码：IX II 05348822

科　　目 _____
对方科目 _____
出票日期 20×8 年 12 月 23 日

收款人：上海电讯器材公司
金　　额：¥272 895.00
用　　途：支付电热元件材料费

单位主管 王昕　　会计 刘征

凭 52-1

电子发票（增值税专用发票）

发票号码：23312000000025147130
开票日期：20×8 年 12 月 23 日

购买方信息	名称：哈尔滨北方商厦 统一社会信用代码/纳税人识别号：91230196784802012K				销售方信息	名称：上海精华实业公司 统一社会信用代码/纳税人识别号：91310105200205882K			
项目名称	规格型号	单位	数量	单价	金额		税率/征收率	税额	
吸尘器		台	3 000	350.00	1 050 000.00		13%	136 500.00	
合　计					¥1 050 000.00			¥136 500.00	
价税合计（大写）	⊗壹佰壹拾捌万陆仟伍佰元整				（小写）¥1 186 500.00				
备注	销方开户银行：工行延西支行；银行账号：804005101011								

开票人：李小龙

凭 52-2

产品出库单

购货单位：哈尔滨北方商厦　　20×8 年 12 月 23 日　　编号：K005005

编号	名称及规格	单位	数量	售价	金额	备注
	吸尘器	台	3 000	350.00	1 050 000.00	
	合　计		3 000		1 050 000.00	

第二联　财务部

会计主管：王昕　　仓库主管：刘三　　保管：杨军　　经发：杨军　　制单：赵明

凭 52-3

托收凭证 （受理回单）

委托日期　20×8 年 12 月 23 日

业务类型	委托收款(□邮划、☑电划)		托收承付(□邮划、□电划)	
付款人	全　称	哈尔滨北方商厦	全　称	上海精华实业公司
	账　号	82641786323	账　号	804005101011
	开户银行	工行南勋街支行	开户银行	工商银行延西支行
委托金额	人民币(大写)壹佰壹拾捌万陆仟伍佰元整		千百十万千百十元角分　¥ 1 1 8 6 5 0 0 0 0	
款项内容	吸尘器货款	托收凭据名称	附寄单据张数	
商品发运情况		已发货	合同名称号码	工商银行延西支行 20×8年12月23日
备注：			业务受 理章	
		款项收妥日期	收款人开户银行签章	
复核　　记账		年　月　日	20×8年12月23日	

此联作收款人开户银行给收款人的受理回单

凭 53

```
中国工商银行
转账支票存根(沪)
支票号码：IX II 05348823
```

科　　目 _____
对方科目 _____
出票日期 20×8 年 12 月 23 日

收款人：上海铁路局
金　额：¥1 000.00
用　途：代垫12月23日销售吸尘器
　　　　发生的运费

单位主管　王昕　　会计　刘征

凭 54-1

电子发票（增值税专用发票）

发票号码：23312000000025185745
开票日期：20×8 年 12 月 23 日

购买方信息	名　称：	上海精华实业公司				销售方信息	名　称：	沪南物资公司			
	统一社会信用代码/纳税人识别号：91310105200205882K						统一社会信用代码/纳税人识别号：91310106540021096K				

项目名称	规格型号	单位	数量	单价	金　额	税率/征收率	税　额
电烤箱箱体		套	4 000	80.00	320 000.00	13%	41 600.00
合　　计					¥320 000.00		¥41 600.00

价税合计（大写）　⊗叁拾陆万壹仟陆佰元整　　　　（小写）¥361 600.00

备注：销方开户银行：工行康桥支行；银行账号：806100235613

开票人：谢玲

凭 54-2

材料入库单

类别：原料及主要材料
库别：材料库　　　　　20×8 年 12 月 23 日　　　　　　No 0036

材料编号	名称	规格及型号	计量单位	数量		实际成本				第二联 记账联
				应收	实收	买价		运杂费	其他 合计	
						单价	金额			
	电烤箱箱体		套	4 000	4 000	80.00	320 000.00		320 000.00	
供应单位	沪南物资公司			单据号码		23312000000025185745				
备注										

仓库主管：刘三　　　　验收：田天　　　　采购：吴海军　　　　制单：赵明

凭 55-1

发票号码：23312000000025147131
开票日期：20×8 年 12 月 25 日

购买方信息	名称：	上海华风贸易公司			销售方信息	名称：	上海精华实业公司		
	统一社会信用代码/纳税人识别号：913101062056053 21K					统一社会信用代码/纳税人识别号：913101052002058 82K			
	项目名称	规格型号	单位	数量	单价	金额	税率/征收率	税额
	电烤箱		台	2 500	300.00	750 000.00	13%	97 500.00
	合　计					￥750 000.00		￥97 500.00
	价税合计（大写）	⊗捌拾肆万柒仟伍佰元整				（小写）￥847 500.00		
备注	销方开户银行：工行延西支行；银行账号：804005101011							

开票人：李小龙

凭 55-2

产品出库单

购货单位：上海华风贸易公司　　　20×8 年 12 月 25 日　　　编号：K005006

编号	名称及规格	单位	数量	售价	金额	备注
	电烤箱	台	2 500	300.00	750 000.00	
	合　计		2 500		750 000.00	

第二联　财务部

会计主管：王昕　　仓库主管：刘三　　保管：杨军　　经发：杨军　　制单：赵明

凭 55-3

中国工商银行　进账单　（收账通知）

20×8 年 12 月 25 日　　　第 0207 号

付款人	全　称	上海华风贸易公司	收款人	全　称	上海精华实业公司	千	百	十	万	千	百	十	元	角	分
	账　号	80541784589		账　号	804005101011										
	开户银行	工行沪宜支行		开户银行	工行延西支行										
金额	人民币（大写） 捌拾肆万柒仟伍佰元整						¥	8	4	7	5	0	0	0	0
票据种类	转账支票														
票据张数	1														
单位主管　　会计　　复核　　记账															

工商银行延西支行
20×8年12月25日
转讫
收款人开户行盖章

此联是收款人开户行交给收款人的回单或收账通知

凭56-1

电子发票（增值税专用发票）

发票号码：23312000000025147132
开票日期：20×8 年 12 月 25 日

购买方信息	名称：上海东乐工贸公司 统一社会信用代码/纳税人识别号：91310106205607964K	销售方信息	名称：上海精华实业公司 统一社会信用代码/纳税人识别号：91310105200205882K

项目名称	规格型号	单位	数量	单价	金额	税率/征收率	税额
电烤箱		台	2 000	300.00	600 000.00	13%	78 000.00
合　计					￥600 000.00		￥78 000.00

价税合计（大写）	⊗陆拾柒万捌仟元整	（小写）￥678 000.00
备注	销方开户银行：工行延西支行；银行账号：804005101011	

开票人：李小龙

凭56-2

产品出库单

购货单位：上海东乐工贸公司　　　20×8 年 12 月 25 日　　　编号：K005007

编号	名称及规格	单位	数量	售价	金额	备注
	电烤箱	台	2 000	300.00	600 000.00	
合　计			2 000		600 000.00	

第二联　财务部

会计主管：王昕　　仓库主管：刘三　　保管：杨军　　经发：杨军　　制单：赵明

凭57

中国工商银行　贷款利息通知单　（支款通知）

20×8年12月25日

贷款	账号	804005101011	利息基数	3350000.00
	户名	上海精华实业公司	年利率	5%

利息金额合计人民币(大写)	肆万壹仟捌佰柒拾伍元整	千 百 十 万 千 百 十 元 角 分
		￥ 　 　 4 1 8 7 5 0 0

计息期：第四季度	工商银行延西支行 20×8年12月25日 （转讫） 上列贷款利息已从你单位结算存款账户如数支付，请即入账。 （银行盖章）	科目 转账 复核　　记账　　制单

此联是贷款银行给贷款人的利息支款通知

凭58

中国工商银行　还贷凭证　（回单）

还贷日期：20×8年12月25日　　　　编号：2009032661

还款人	上海精华实业公司	借款人	上海精华实业公司
存款户账号	804005101011	贷款户账号	804005101011
开户银行	工行延西支行	开户银行	工行延西支行

收贷金额（本金）	人民币(大写) 壹拾伍万元整	千 百 十 万 千 百 十 元 角 分
		￥ 　 1 5 0 0 0 0 0 0

收回20×8年6月25日发放20×8年12月25日到期的贷款，该笔贷款尚欠本金（大写）　0　元。

工商银行延西支行
20×8年12月25日
银行业务公章

记账　　复核

第一联　作债务人还贷回单

凭59-1

委托收款凭证 （付款通知）

委托日期 20×8 年 12 月 28 日

付款人	全 称	上海精华实业公司	收款人	全 称	上海市电力公司
	账 号	804005101011		账 号	804005141231
	开户银行	工行延西支行		开户银行	工行延西支行

委托金额	人民币(大写)贰万捌仟玖佰捌拾肆元伍角整	千	百	十	万	千	百	十	元	角	分
				¥	2	8	9	8	4	5	0

款项内容	12月份公司电费	委托收款凭据名称		凭据张数	

备注	付填人开户行收到日期 20×8 年 12 月 28 日 复核　　　　记账	付填人开户银行签单

单位主管：　　　　会计：　　　　复核：　　　　记账：

工商银行延西支行
20×8年12月28日

付款人注意：
1) 根据结算方法，上列款项如在付款期限内未拒付时，即视同同意付款，以此联代付款通知。
2) 如需提前付款或多付款时，应另写书面通知送银行办理。

凭59-2

电子发票（增值税专用发票）

发票号码：23312000000025688546
开票日期：20×8 年 12 月 28 日

购买方信息	名称：上海精华实业公司	销售方信息	名称：上海市电力公司
	统一社会信用代码/纳税人识别号：91310105200205882K		统一社会信用代码/纳税人识别号：91310046132224671K

项目名称	规格型号	单位	数量	单价	金额	税率/征收率	税额
工业用电		千瓦时	28 500	0.90	25 650.00	13％	3 334.50
合　计					¥25 650.00		¥3 334.50
价税合计(大写)	⊗贰万捌仟玖佰捌拾肆元伍角				（小写）¥28 984.50		

备注	销方开户银行：工行延西支行;银行账号：804005141231

开票人：刘士余

凭 59-3

电费费用分配汇总表

单位：上海精华实业公司　　　　20×8 年 12 月　　　　单位：元

车间及部门	耗用量(千瓦时)	分配率	分配金额
吸尘器产品生产			9 800.00
电烤箱产品生产			12 200.00
一车间			560.00
二车间			650.00
运输车间			120.00
销售部门			80.00
厂　部			2 240.00
合　　计			25 650.00

凭 60-1

工资结算汇总表

20×8年12月

单位：上海精华实业公司　　　　　　　　　　　　　　　　　　　　　　　　　单位：元

部门	项目	基本工资	扣款 病假	扣款 事假	加班工资	中夜班津贴	副食品津贴	交通补贴	应付工资	代扣款项 房租	代扣款项 住房公积金	代扣款项 养老保险	代扣款项 医疗保险费	代扣款项 失业保险费	代扣款项 个人所得税	代扣款项 合计	实发金额
吸尘器生产工人		75 000.00	176.00	1 280.00	3 280.00	3 236.00	23 400.00	2 960.00		10 000.00	7 420.00	8 480.00	2 120.00	530.00	219.00		
电烤箱生产工人		73 080.00	288.00	960.00	5 690.00	3 308.00	22 620.00	8 830.00		9 000.00	7 840.00	8 960.00	2 240.00	560.00	237.00		
一车间管理人员		11 186.00	56.00	40.00	480.00	288.00	3 120.00	272.00		4 000.00	1 064.00	1 216.00	304.00	76.00	346.00		
二车间管理人员		11 134.00	48.00		640.00	240.00	3 120.00	1 006.00		3 000.00	1 120.00	1 280.00	320.00	80.00	348.00		
运输车间人员		5 100.00	60.00	80.00	1 300.00	890.00	1 560.00	200.00			616.00	704.00	176.00	44.00	127.00		
厂部人员		57 300.00	1 168.00	40.00	530.00	760.00	5 448.00	420.00		2 000.00	4 374.00	4 998.00	1 250.00	313.00	261.00		
销售部门人员		26 800.00	92.00		2 080.00	1 680.00	3 080.00				2 310.00	2 640.00	660.00	165.00	676.00		
合　计																	

凭60-2

工资费用分配汇总表

单位：　　　　　　　　　　　年　　月　　　　　　　　　单位：元

车间及部门		应付职工薪酬——工资（金额）
一车间	吸尘器生产工人	
	管理人员	
二车间	电烤箱生产工人	
	管理人员	
辅助车间	运输车间人员	
厂部人员		
销售部门人员		
合　计		

凭61

中国工商银行
现金支票存根（沪）
IX II 05276409

科　目＿＿＿＿＿
对方科目＿＿＿＿＿
出票日期　年　月　日
收款人：
金　额：
用　途：
单位主管　王昕　会计　刘征

本支票付款期限十天

中国工商银行　现金支票（　） IX II 05276409

出票日期(大写)　　年　月　日　　付款行名称：
收款人：　　　　　　　　　　　　出票人账号：

人民币（大写）	千	百	十	万	千	百	十	元	角	分

用途
上列款项请从
我账户内支付
出票人签章（章）

科目（借）
对方科目（贷）＿＿＿＿＿
转账日期　　年　月　日
复核　　　记账

刘晓明印

备注：公司提现备发工资，要求完成原始凭证的填制工作。

附加信息：

身份证件名称：　　　　　　　　　发证机关：

号码

收款人签章
年　　月　　日

凭 62

工资结算汇总表

20×8 年 12 月

单位：上海精华实业公司　　　　　　　　　　　　　　　　　　　　　　　　　　　　　　单位：元

部门项目	基本工资	扣款		加班工资	中夜班津贴	副食品津贴	交通补贴	应付工资	房租	住房公积金	养老保险	代扣款项 医疗保险费	失业保险费	个人所得税	合计	实发金额
		病假	事假													
吸尘器生产工人	75 000.00	176.00	1 280.00	3 280.00	3 236.00	23 400.00	2 960.00	106 420.00	10 000.00	7 420.00	8 480.00	2 120.00	530.00	219.00	28 769.00	77 651.00
电烤箱生产工人	73 080.00	288.00	960.00	5 690.00	3 308.00	22 620.00	8 830.00	112 280.00	9 000.00	7 840.00	8 960.00	2 240.00	560.00	237.00	28 837.00	83 443.00
一车间管理人员	11 186.00	56.00	40.00	480.00	288.00	3 120.00	272.00	15 250.00	4 000.00	1 064.00	1 216.00	304.00	76.00	346.00	7 006.00	8 244.00
二车间管理人员	11 134.00	48.00	80.00	640.00	240.00	3 120.00	1 006.00	16 092.00	3 000.00	1 120.00	1 280.00	320.00	80.00	348.00	6 148.00	9 944.00
运输车间人员	5 100.00	60.00	40.00	1 300.00	890.00	1 560.00	200.00	8 910.00	2 000.00	616.00	704.00	176.00	44.00	127.00	1 667.00	7 243.00
厂部人员	57 300.00	1 168.00		530.00	760.00	5 448.00	420.00	63 250.00		4 374.00	4 998.00	1 250.00	313.00	261.00	13 196.00	50 054.00
销售部门人员	26 800.00	92.00	2 400.00	2 080.00		3 080.00	1 680.00	33 548.00	2 000.00	2 310.00	2 640.00	660.00	165.00	676.00	6 451.00	27 097.00
合　计	259 600.00	1 888.00	4 800.00	14 000.00	8 722.00	62 348.00	15 368.00	355 750.00	28 000.00	24 744.00	28 278.00	7 070.00	1 768.00	2 214.00	92 074.00	263 676.00

现金付讫

通 精华实业公司
财务专用章

凭63

代扣款项结转表

单位：　　　　　　　　　　年　　月　　　　　　　　　　单位：元

贷记科目	房　租	住房公积金	养老保险费	医疗保险费	失业保险费	个人所得税	合　计
合　计							

凭64

各项基金计算分配表

单位：　　　　　　　　　　年　　月　　　　　　　　　　单位：元

项　目	计提基数 （上年月平均 工资总额）	五险一金						合　计
		医疗 保险费 （9.5%）	养老 保险费 （16%）	失业 保险费 （0.5%）	生育 保险费 （1%）	工伤 保险费 （1%）	住房 公积金 （7%）	
吸尘器生产工人	106 000.00							
电烤箱生产工人	112 000.00							
一车间管理人员	15 200.00							
二车间管理人员	16 000.00							
运输车间人员	8 800.00							
厂部人员	62 800.00							
销售部门人员	33 000.00							
合　计	353 800.00							

凭65-1

各项经费计算分配表

单位：　　　　　　　　　　年　　月　　　　　　　　　　单位：元

部　门	计提基数 （本月工资总额）	工会经费 （2%）	合　计
吸尘器生产工人			
电烤箱生产工人			
一车间管理人员			
二车间管理人员			
运输车间人员			
厂部人员			
销售部门人员			
合　计			

凭65-2

贷记凭证（回单联）	AA	10893946
签发日期　贰零×捌年壹拾贰月贰拾捌日			

① 此联作付款人回单

付款人	上海精华实业公司
账号	804005101011
开户行	工行延西支行
人民币	
收款人	上海精华实业公司工会经费专户
账号	804-006003145
开户行	工行延西支行
用途：付12月份工会经费	
单位主管　王昕　会计　刘征	

工商银行延西支行
20×8年12月28日
讫

备注：要求完成原始凭证中金额的填写。

凭66

固定资产折旧计算表

年　　月　　日　　　　　　　　　　　　　单元：元

使用部门	应计折旧固定资产原值	折旧率	折旧额	应入会计科目
合　计				

财务主管：　　　　　　　　审核：　　　　　　　　制单：

凭67

发料凭证汇总表
20×8年12月31日

部门 \ 材料	吸尘器塑壳 单价:	数量(套)	金额	电梯箱箱体 单价:	数量(只)	金额	吸尘器电机 单价:	数量(只)	金额	电热元件 单价:	数量(套)	金额	燃料 单价:	数量(公升)	金额	辅助材料(单位:元)	低值易耗品(单位:元)	合计
吸尘器产品耗用		6 000						6 000								18 050.00		
电烤箱产品耗用					7 650						7 650					22 750.00		
一车间														1 000		2 320.00	10 395.00	
二车间														800		3 245.00	11 420.00	
运输部门																4 863.00	1 863.00	
厂部																2 383.00	3 325.00	
销售部门																7 600.00	1 500.00	
合计																61 211.00	28 503.00	

仓库主管：刘三　　　　保管：杨军　　　　发料员：杨军　　　　制单：赵明

备注：原材料计价方法采用一次加权平均法。

凭68

无形资产摊销计算表

年　月　日　　　　　　　　　　　　　　单位：元

项　目	待摊总额	摊销年限	本月分摊比例	本月应摊金额
合　　计				

财务主管：　　　　　　　　　审核：　　　　　　　　　制单：
备注：无形资产的摊销采用直线法，假定期末无残值。

凭69-1

现金盘点报告单

20×8年12月31日　　　　　　　　　　　单位：元

日　　期	账面余额	实际库存额	长款	短款	原　因	处理意见
20×8年12月31日				200.00	多付款	个人赔款

财务主管：王昕　　　　　　　审核：刘征　　　　　　　制单：万言萍

凭69-2

专用收款收据

日期　20×8年12月31日　　　　　　　　　　No 090302

凭 70

运输费用分配表
20×8 年 12 月 31 日

受益部门	数量(吨/千米)	分配率	分配金额(元)
一车间	150		
二车间	200		
销售部门	1 200		
厂部	2 200		
外单位	250		
合　计	4 000		

财务主管：　　　　　　审核：　　　　　　制单：
注：采用直接分配法。

凭 71

制造费用分配表
年　　月　　日

生产车间	产品类型	分配金额(元)
一车间	吸尘器	
二车间	电烤箱	
合　计		

财务主管：　　　　　　审核：　　　　　　制单：

凭72-1

20×8年12月份产品生产完成情况表　　　　数量单位：台

项　　目	吸尘器	电烤箱
期初在产品数量	1 500	1 350
本期投产量	6 000	7 650
本期完工量	6 500	7 500
期末在产品数量	1 000	1 500
在产品完工率	50％	50％

凭72-2

产品成本计算单

20×8年12月31日

产品名称：吸尘器　　　　　　　　　　　　　　　完工产量：
生产部门：第一车间　　　　　　　　　　　　　　在产品数量：
　　　　　　　　　　　　　　　　　　　　　　　完工率：
　　　　　　　　　　　　　　　　　　　　　　　金额单位：元

摘　要	直接材料	燃料及动力	直接人工	制造费用	合　计
月初在产品成本					
本月发生生产费用					
本月生产费用合计					
月末在产品约当产量					
约当产量合计					
费用分配率					
完工产品成本					
月末在产品成本					
完工产品单位成本					

财务主管：　　　　　　　　　审核：　　　　　　　　　制单：

凭 72-3

产品数量和工时定额表

产品名称：电烤箱　　　　　　　　20×8年 12月 31日

工序	工时定额（小时）	完工率计算	在产品数量（台）	在产品约当产量（台）
1	1		400	
2	2		600	
3	1		500	
合计	4		1 500	

财务主管：　　　　　　审核：　　　　　　制单：

凭 72-4

产品成本计算单

20×8年 12月 31日

产品名称：电烤箱　　　　　　　　　　　　　　　　完工产量：
生产部门：第二车间　　　　　　　　　　　　　　　在产品数量：
　　　　　　　　　　　　　　　　　　　　　　　　完工率：
　　　　　　　　　　　　　　　　　　　　　　　　金额单位：元

摘 要	直接材料	燃料及动力	直接人工	制造费用	合 计
月初在产品成本					
本月发生生产费用					
本月生产费用合计					
月末在产品约当产量					
约当产量合计					
费用分配率					
完工产品成本					
月末在产品成本					
完工产品单位成本					

财务主管：　　　　　　审核：　　　　　　制单：

凭 72-5

产成品入库汇总表

年　月　日

产品名称	计量单位	数　　量	单价(元/台)	金额(元)
吸尘器	台			
电烤箱	台			
合　计				

仓库主管：　　　　保管：　　　　收料员：　　　　制单：

凭 73

未交增值税结转表
年　月　日

项　目	栏　次	金　额
本期销项税	1	
本期进项税	2	
本期进项税转出	3	
本期实际抵扣税额	4＝2－3	
本期应纳税金额	5＝1－4	
期初未缴纳增值税	6	
本期已缴纳增值税	7	
本期未交增值税合计	8＝5＋6－7	

财务主管：　　　　　　审核：　　　　　　制单：

凭 74

城市维护建设税和教育费附加计算表
年　月　日

税　种	应税项目	计税依据	税(费)率	应纳税额(元)
城市维护建设税	增值税		7％	
小　计				
教育费附加	增值税		3％	
小　计				
合　计				

财务主管：　　　　　　审核：　　　　　　制单：

凭 75

销售成本计算表
年　月　日

产品名称	单位	本　月　销　售		
		数量	单位成本	金额(元)
吸尘器	台			
电烤箱	台			
合　计				

财务主管：　　　　　　审核：　　　　　　制单：
备注：单位成本计算采用一次加权平均法。

凭 76

损益类账户结转表

年　月　日　　　　　　　　　　　　　　　单位：元

项　目	本 年 利 润	
	借方金额	贷方金额
主营业务收入		
主营业务成本		
税金及附加		
其他业务收入		
其他业务成本		
销售费用		
管理费用		
财务费用		
投资收益		
资产处置损益		
营业外支出		
合　计		

财务主管：　　　　　审核：　　　　　制单：

凭 77-1

所得税计算表

年　月　日

计税依据 （本期利润总额）	税　率	应纳税额（元）
合　计		

财务主管：　　　　　审核：　　　　　制单：

凭 77-2

所得税费用结转表

年　月　日

项　目	本 年 利 润	
	借方金额	贷方金额
所得税费用		
合　计		

财务主管：　　　　　审核：　　　　　制单：

凭78

本年净利润结转表
年　月　日

应借科目 \ 应贷科目	利润分配——未分配利润
本年利润	

财务主管：　　　　　审核：　　　　　制单：

凭79

盈余公积计算表
年　月　日

项　目	金　额
全年净利润	
提取盈余公积	

财务主管：　　　　　审核：　　　　　制单：

凭80

应付利润计算表
年　月　日

项　目	金　额
全年净利润	
应付利润	

财务主管：　　　　　审核：　　　　　制单：

凭81

已分配利润结转表
年　月　日

项　目	金　额
利润分配——提取法定盈余公积	
利润分配——应付利润	
合　计	

财务主管：　　　　　审核：　　　　　制单：

凭82-1

资产负债表

会企01表

编制单位：　　　　　　　　　　　　　___年___月___日　　　　　　　　　　　　　单位：元

资产	期末余额	上年年末余额	负债和所有者权益（或股东权益）	期末余额	上年年末余额
流动资产：			流动负债：		
货币资金			短期借款		
交易性金融资产			交易性金融负债		
衍生金融资产			衍生金融负债		
应收票据			应付票据		
应收账款			应付账款		
应收款项融资			预收款项		
预付款项			合同负债		
其他应收款			应付职工薪酬		
存货			应交税费		
合同资产			其他应付款		
持有待售资产			持有待售负债		
一年内到期的非流动资产			一年内到期的非流动负债		
其他流动资产			其他流动负债		
流动资产合计			流动负债合计		
非流动资产：			非流动负债：		
债权投资			长期借款		
其他债券投资			应付债券		
长期应收款			其中：优先股		
长期股权投资			永续债		
其他权益工具投资			租赁负债		
其他非金融资产			长期应付款		
投资性房地产			预计负债		
固定资产			递延收益		
在建工程			递延所得税负债		
生产性生物资产			其他非流动负债		
油气资产			非流动负债合计		
使用权资产			负债合计		
无形资产			所有者权益（或股东权益）：		
开发支出			实收资本（或股本）		
商誉			其他权益工具		
长期待摊费用			其中：优先股		
递延所得税资产			永续债		
其他非流动资产			资本公积		
非流动资产合计			减：库存股		
			其他综合收益		
			专项储备		
			盈余公积		
			未分配利润		
			所有者权益（或股东权益）合计		
资产总计			负债和所有者权益（或股东权益）总计		

凭82-2

利 润 表

会企02表

编制单位： ＿＿＿年＿月＿日　　　　　　　单位：元

项 目	本期金额	上期金额
一、营业收入		
减：营业成本		
税金及附加		
销售费用		
管理费用		
研发费用		
财务费用		
其中：利息费用		
利息收入		
加：其他收益		
投资收益（损失以"－"号填列）		
其中：对联营企业和合营企业的投资收益		
以摊余成本计量的金融资产终止确认收益（损失以"－"号填列）		
净敞口套期收益（损失以"－"号填列）		
公允价值变动收益（损失以"－"号填列）		
信用减值损失（损失以"－"号填列）		
资产减值损失（损失以"－"号填列）		
资产处置收益（损失以"－"号填列）		
二、营业利润（亏损以"－"号填列）		
加：营业外收入		
减：营业外支出		
三、利润总额（亏损总额以"－"号填列）		
减：所得税费用		
四、净利润（净亏损以"－"号填列）		
（一）持续经营净利润（净亏损以"－"号填列）		
（二）终止经营净利润（净亏损以"－"号填列）		
五、其他综合收益的税后净额		
（一）不能重分类进损益的其他综合收益		
1. 重新计量设定收益计划变动额		
2. 权益法下不能转损益的其他综合收益		
3. 其他权益工具投资公允价值变动		
4. 企业自身信用风险公允价值变动		
……		
（二）将重分类进损益的其他综合收益		
1. 权益法下可转损益的其他综合收益		
2. 其他债权投资公允价值变动		
3. 金融资产重分类计入其他综合收益的金额		
4. 其他债权投资信用减值准备		
5. 现金流量套期		
6. 外币财务报表折算差额		
……		
六、综合收益总额		
七、每股收益：		
（一）基本每股收益		
（二）稀释每股收益		

凭82-3

现金流量表

会企03表

编制单位： ＿＿＿年＿月＿日 单位：元

项　　目	本期金额	上期金额
一、经营活动产生的现金流量		
销售商品、提供劳务收到的现金		
收到的税费返还		
收到其他与经营活动有关的现金		
经营活动现金流入小计		
购买商品、接受劳务支付的现金		
支付给职工及为职工支付的现金		
支付的各项税费		
支付其他与经营活动有关的现金		
经营活动现金流出小计		
经营活动产生的现金流量净额		
二、投资活动产生的现金流量		
收回投资收到的现金		
取得投资收益收到的现金		
处置固定资产、无形资产和其他长期资产收回的现金净额		
处置子公司及其他营业单位收到的现金净额		
收到其他与投资活动有关的现金		
投资活动现金流入小计		
构建固定资产、无形资产和其他长期资产支付的现金		
投资支付的现金		
取得子公司及其他营业单位支付的现金净额		
支付其他与投资活动有关的现金		
投资活动现金流出小计		
投资活动产生的现金流量净额		
三、筹资活动产生的现金流量		
吸收投资收到的现金		
取得借款收到的现金		
收到其他与筹资活动有关的现金		
筹资活动现金流入小计		
偿还债务支付的现金		
分配股利、利润或偿付利息支付的现金		
支付其他与筹资活动有关的现金		
筹资活动现金流出小计		
筹资活动产生的现金流量净额		
四、汇率变动对现金及现金等价物的影响		
五、现金及现金等价物净增加额		
加：期初现金及现金等价物余额		
六、期末现金及现金等价物余额		

附录　会计基础工作规范

第一章　总　　则

第一条　为了加强会计基础工作,建立规范的会计工作秩序,提高会计工作水平,根据《中华人民共和国会计法》的有关规定,制定本规范。

第二条　国家机关、社会团体、企业、事业单位、个体工商户和其他组织的会计基础工作,应当符合本规范的规定。

第三条　各单位应当依据有关法律、法规和本规范的规定,加强会计基础工作,严格执行会计法规制度,保证会计工作依法有序地进行。

第四条　单位领导人对本单位的会计基础工作负有领导责任。

第五条　各省、自治区、直辖市财政厅(局)要加强对会计基础工作的管理和指导,通过政策引导、经验交流、监督检查等措施,促进基层单位加强会计基础工作,不断提高会计工作水平。

国务院各业务主管部门根据职责权限管理本部门的会计基础工作。

第二章　会计机构和会计人员

第一节　会计机构设置和会计人员配置

第六条　各单位应当根据会计业务的需要设置会计机构;不具备单独设置会计机构条件的,应当在有关机构中配备专职会计人员。

事业行政单位会计机构的设置和会计人员的配备,应当符合国家统一事业行政单位会计制度的规定。

设置会计机构,应当配备会计机构负责人;在有关机构中配备专职会计人员,应当在专职会计人员中指定会计主管人员。

会计机构负责人、会计主管人员的任免,应当符合《中华人民共和国会计法》和有关法律的规定。

第七条　会计机构负责人、会计主管人员应当具备下列基本条件:

(一)坚持原则,廉洁奉公。

(二)具有会计专业技术资格。

（三）主管一个单位或者单位内一个重要方面的财务会计工作时间不少于2年。

（四）熟悉国家财经法律、法规、规章和方针、政策，掌握本行业业务管理的有关知识。

（五）有较强的组织能力。

（六）身体状况能够适应本职工作的要求。

第八条 没有设置会计机构和配备会计人员的单位，应当根据《代理记账管理暂行办法》委托会计师事务所或者持有代理记账许可证书的其他代理记账机构进行代理记账。

第九条 大中型企业、事业单位、业务主管部门应当根据法律和国家有关规定设置总会计师。总会计师由具有会计师以上专业技术资格的人员担任。

总会计师行使《总会计师条例》规定的职责、权限。

总会计师的任命（聘任）、免职（解聘）依照《总会计师条例》和有关法律的规定办理。

第十条 各单位应当根据会计业务需要配备持有会计证的会计人员。未取得会计证的人员，不得从事会计工作。

第十一条 各单位应当根据会计业务需要设置会计工作岗位。

会计工作岗位一般可分为：会计机构负责人或者会计主管人员，出纳，财产物资核算，工资核算，成本费用核算，财务成果核算，资金核算，往来结算，总账报表，稽核，档案管理等。开展会计电算化和管理会计的单位，可以根据需要设置相应工作岗位，也可以与其他工作岗位相结合。

第十二条 会计工作岗位，可以一人一岗、一人多岗或者一岗多人。但出纳人员不得兼管稽核、会计档案保管和收入、费用、债权债务账目的登记工作。

第十三条 会计人员的工作岗位应当有计划地进行轮换。

第十四条 会计人员应当具备必要的专业知识和专业技能，熟悉国家有关法律、法规、规章和国家统一会计制度，遵守职业道德。

会计人员应当按照国家有关规定参加会计业务的培训。各单位应当合理安排会计人员的培训，保证会计人员每年有一定时间用于学习和参加培训。

第十五条 各单位领导人应当支持会计机构、会计人员依法行使职权；对忠于职守，坚持原则，作出显著成绩的会计机构、会计人员，应当给予精神的和物质的奖励。

第十六条 国家机关、国有企业、事业单位任用会计人员应当实行回避制度。

单位领导人的直系亲属不得担任本单位的会计机构负责人、会计主管人员。会计机构负责人、会计主管人员的直系亲属不得在本单位会计机构中担任出纳工作。

需要回避的直系亲属为：夫妻关系、直系血亲关系、三代以内旁系血亲以及配偶亲关系。

第二节　会计人员职业道德

第十七条 会计人员在会计工作中应当遵守职业道德，树立良好的职业品质、严谨的工作作风，严守工作纪律，努力提高工作效率和工作质量。

第十八条 会计人员应当热爱本职工作，努力钻研业务，使自己的知识和技能适应所从事工作的要求。

第十九条 会计人员应当熟悉财经法律、法规、规章和国家统一会计制度,并结合会计工作进行广泛宣传。

第二十条 会计人员应当按照会计法律、法规和国家统一会计制度规定的程序和要求进行会计工作,保证所提供的会计信息合法、真实、准确、及时、完整。

第二十一条 会计人员办理会计事务应当实事求是、客观公正。

第二十二条 会计人员应当熟悉本单位的生产经营和业务管理情况,运用掌握的会计信息和会计方法,为改善单位内部管理、提高经济效益服务。

第二十三条 会计人员应当保守本单位的商业秘密。除法律规定和单位领导人同意外,不能私自向外界提供或者泄露单位的会计信息。

第二十四条 财政部门、业务主管部门和各单位应当定期检查会计人员遵守职业道德的情况,并作为会计人员晋升、晋级、聘任专业职务、表彰奖励的重要考核依据。

会计人员违反职业道德的,由所在单位进行处罚;情节严重的,由会计证发证机关吊销其会计证。

第三节 会计工作交接

第二十五条 会计人员工作调动或者因故离职,必须将本人所经管的会计工作全部移交给接替人员。没有办清交接手续的,不得调动或离职。

第二十六条 接替人员应当认真接管移交工作,并继续办理移交的未了事项。

第二十七条 会计人员办理移交手续前,必须及时做好以下工作:

(一)已经受理的经济业务尚未填制会计凭证的,应当填制完毕。

(二)尚未登记的账目,应当登记完毕,并在最后一笔余额后加盖经办人员印章。

(三)整理应该移交的各项资料,对未了事项写出书面材料。

(四)编制移交清册,列明应当移交的会计凭证、会计账簿、会计报表、印章、现金、有价证券、支票簿、发票、文件、其他会计资料和物品等内容;实行会计电算化的单位,从事该项工作的移交人员还应当在移交清册中列明会计软件及密码、会计软件数据磁盘(磁带等)及有关资料、实物等内容。

第二十八条 会计人员办理交接手续,必须有监交人负责监交。一般会计人员交接,由单位会计机构负责人、会计主管人员负责监交;会计机构负责人、会计主管人员交接,由单位领导人负责监交,必要时可由上级主管部门派人会同监交。

第二十九条 移交人员在办理移交时,要按移交清册逐项移交;接替人员要逐项核对点收。

(一)现金、有价证券要根据会计账簿有关记录进行点交。库存现金、有价证券必须与会计账簿记录保持一致。不一致时,移交人员必须限期查清。

(二)会计凭证、会计账簿、会计报表和其他会计资料必须完整无缺。如有短缺,必须查清原因,并在移交清册中注明,由移交人员负责。

(三)银行存款账户余额要与银行对账单核对,如不一致,应当编制银行存款余额调节表调节相符,各种财产物资和债权债务的明细账户余额要与总账有关账户余额核对相符；必要时，要抽查个别账户的余额，与实物核对相符，或者与往来单位、个人核对清楚。

（四）移交人员经管的票据、印章和其他实物等，必须交接清楚；移交人员从事会计电算化工作的，要对有关电子数据在实际操作状态下进行交接。

第三十条　会计机构负责人、会计主管人员移交时，还必须将全部财务会计工作、重大财务收支和会计人员的情况等，向接替人员详细介绍。对需要移交的遗留问题，应当写出书面材料。

第三十一条　交接完毕后，交接双方和监交人员要在移交清册上签名或盖章，并应在移交清册上注明：单位名称、交接日期、交接双方和监交人员的职务、姓名，移交清册页数以及需要说明的问题和意见等。

移交清册一般应当填制一式三份，交接双方各执一份，存档一份。

第三十二条　接替人员应当继续使用移交的会计账簿，不得自行另立新账，以保持会计记录的连续性。

第三十三条　会计人员临时离职或者因病不能工作且需要接替或者代理的，会计机构负责人、会计主管人员或者单位领导人必须指定有关人员接替或者代理，并办理交接手续。

临时离职或者因病不能工作的人员恢复工作的，应当与接替或者代理人员办理交接手续。

移交人员因病或者其他特殊原因不能亲自办理移交的，经单位领导人批准，可由移交人员委托他人代办移交，但委托人应当承担本规范第三十五条规定的责任。

第三十四条　单位撤销时，必须留有必要的会计人员，会同有关人员办理清理工作，编制决算。未移交前，不得离职。接收单位和移交日期由主管部门确定。

第三十五条　移交人员对所移交的会计凭证、会计账簿、会计报表和其他有关资料的合法性、真实性承担法律责任。

第三章　会 计 核 算

第一节　会计核算一般要求

第三十六条　各单位应当按照《中华人民共和国会计法》和国家统一会计制度的规定建立会计账册，进行会计核算，及时提供合法、真实、准确、完整的会计信息。

第三十七条　各单位发生的下列事项，应当及时办理会计手续，进行会计核算：

（一）款项和有价证券的收付。

（二）财物的收发、增减和使用。

（三）债权债务的发生和结算。

（四）资本、基金的增减。

（五）收入、支出、费用、成本的计算。

（六）财务成果的计算和处理。

（七）其他需要办理会计手续、进行会计核算的事项。

第三十八条 各单位的会计核算应当以实际发生的经济业务为依据，按照规定的会计处理方法进行，保证会计指标的口径一致、相互可比和会计处理方法的前后各期相一致。

第三十九条 会计年度自公历一月一日起至十二月三十一日止。

第四十条 会计核算以人民币为记账本位币。

收支业务以外国货币为主的单位，也可以选定某种外国货币作为记账本位币，但是编制的会计报表应当折算为人民币反映。

境外单位向国内有关部门编报的会计报表，应当折算为人民币反映。

第四十一条 各单位根据国家统一会计制度的要求，在不影响会计核算要求、会计报表指标汇总和对外统一会计报表的前提下，可以根据实际情况自行设置和使用会计科目。

事业行政单位会计科目的设置和使用，应当符合国家统一事业行政单位会计制度的规定。

第四十二条 会计凭证、会计账簿、会计报表和其他会计资料的内容和要求必须符合国家统一会计制度的规定，不得伪造、变造会计凭证和会计账簿，不得设置账外账，不得报送虚假会计报表。

第四十三条 各单位对外报送的会计报表格式由财政部统一规定。

第四十四条 实行会计电算化的单位，对使用的会计软件及其生成的会计凭证、会计账簿、会计报表和其他会计资料的要求，应当符合财政部关于会计电算化的有关规定。

第四十五条 各单位的会计凭证、会计账簿、会计报表和其他会计资料，应当建立档案，妥善保管。会计档案建档要求、保管期限、销毁办法等依据《会计档案管理办法》的规定进行。

实行会计电算化的单位，有关电子数据、会计软件资料等应当作为会计档案进行管理。

第四十六条 会计刻录的文字应当使用中文，少数民族自治地区可以同时使用少数民族文字。中国境内的外商投资企业、外国企业和其他外国经济组织也可以同时使用某种外国文字。

第二节 填制会计凭证

第四十七条 各单位办理本规范第三十七条规定的事项，必须取得或者填制原始凭证，并及时送交会计机构。

第四十八条 原始凭证的基本要求是：

（一）原始凭证的内容必须具备：凭证的名称；填制凭证的日期；填制凭证单位名称或者填制人姓名；经办人员的签名或者盖章；接受凭证单位名称；经济业务内容；数量、单价和金额。

（二）从外单位取得的原始凭证，必须盖有填制单位的公章；从个人取得的原始凭证，必须有填制人员的签名或者盖章。自制原始凭证必须有经办单位领导人或者其指定的人员签名或者盖章。对外开出的原始凭证，必须加盖本单位公章。

（三）凡填有大写和小写金额的原始凭证，大写与小写金额必须相符。购买实物的原始凭证，必须有验收证明。支付款项的原始凭证，必须有收款单位和收款人的收款证明。

（四）一式几联的原始凭证，应当注明各联的用途，只能以一联作为报销凭证。

一式几联的发票和收据，必须用双面复写纸（发票和收据本身具备复写纸功能的除外）套写，并连续编号。作废时应当加盖"作废"戳记，连同存根一起保存，不得撕毁。

（五）发生销货退回的，除填制退货发票外，还必须有退货验收证明；退款时，必须取得对方的收款收据或者汇款银行的凭证，不得以退货发票代替收据。

（六）职工公出借款凭据，必须附在记账凭证之后。收回借款时，应当另开收据或者退还借据副本，不得退还原借款收据。

（七）经上级有关部门批准的经济业务，应当将批准文件作为原始凭证附件；如果批准文件需要单独归档的，应当在凭证上注明批准机关名称、日期和文件字号。

第四十九条 原始凭证不得涂改、挖补。发现原始凭证有错误的，应当由开出单位重开或者更正，更正处应当加盖开出单位的公章。

第五十条 会计机构、会计人员要根据审核无误的原始凭证填制记账凭证。

记账凭证可以分为收款凭证、付款凭证和转账凭证，也可以使用通用记账凭证。

第五十一条 记账凭证的基本要求是：

（一）记账凭证的内容必须具备：填制凭证的日期；凭证编号；经济业务摘要；会计科目；金额；所附原始凭证张数；填制凭证人员、稽核人员、记账人员、会计机构负责人、会计主管人员签名或者盖章。收款和付款记账凭证还应当由出纳人员签名或者盖章。

以自制的原始凭证或者原始凭证汇总表代替记账凭证的，也必须具备记账凭证应有的项目。

（二）填制记账凭证时，应当对记账凭证进行连续编号。一笔经济业务需要填制两张以上记账凭证的，可以采用分数编号法编号。

（三）记账凭证可以根据每一张原始凭证填制，或者根据若干张同类原始凭证汇总填制，也可以根据原始凭证汇总表填制。但不得将不同内容和类别的原始凭证汇总填制在一张记账凭证上。

（四）除结账和更正错误的记账凭证可以不附原始凭证外，其他记账凭证必须附有原始凭证。如果一张原始凭证涉及几张记账凭证，可以把原始凭证附在一张主要的记账凭证后面，并在其他记账凭证上注明附有该原始凭证的记账凭证的编号或者附原始凭证复印件。

一张原始凭证所列支出需要几个单位共同负担的，应当将其他单位负担的部分，开给对方原始凭证分割单，进行结算。原始凭证分割单必须具备原始凭证的基本内容：凭证名称、填制凭证日期、填制凭证单位名称或者填制人姓名、经办人的签名或者盖章、接受凭证单位名称、经济业务内容、数量、单价、金额和费用分摊情况等。

（五）如果在填制记账凭证时发生错误，应当重新填制。

已经登记入账的记账凭证，在当年内发现填写错误时，可以用红字填写一张与原内容相同的记账凭证，在摘要栏注明"注销某月某日某号凭证"字样，同时再用蓝字重新填制一张正确的记账凭证，注明"订正某月某日某号凭证"字样。如果会计科目没有错误，只是金额错误，也可以将正确数字与错误数字之间的差额，另编一张调整的记账凭证，调增金额用蓝字，调减金额用红字。发现以前年度记账凭证有错误的，应当用蓝字填制一张更正的记账凭证。

（六）记账凭证填制完经济业务事项后，如有空行，应当自金额栏最后一笔金额数字下的空行处至合计数上的空行处划线注销。

第五十二条 填制会计凭证，字迹必须清晰、工整，并符合下列要求：

（一）阿拉伯数字应当一个一个地写，不得连笔写。阿拉伯金额数字前面应当书写货币币种符号或者货币名称简写和币种符号。币种符号与阿拉伯金额数字之间不得留有空白。凡阿拉伯数字前写有币种符号的，数字后面不再写货币单位。

（二）所有以元为单位（其他货币种类为货币基本单位，下同）的阿拉伯数字，除表示单价等情况外，一律填写到角分；元角分的，角位和分位可写"00"，或者符号"—"；有角无分的，分位应当写"0"，不得用符号"—"代替。

（三）汉字大写数字金额如零、壹、贰、叁、肆、伍、陆、柒、捌、玖、拾、佰、仟、万、亿等，一律用正楷或者行书体书写，不得用〇、一、二、三、四、五、六、七、八、九、十等简化字代替，不得任意自造简化字。大写金额数字到元或者角为止的，在"元"或者"角"字之后应当写"整"字或者"正"字；大写金额数字有分的，分字后面不写"整"或者"正"字。

（四）大写金额数字前未印有货币名称的，应当加填货币名称，货币名称与金额数字之间不得留有空白。

（五）阿拉伯金额数字中间有"0"时，汉字大写金额要写"零"字；阿拉伯数字金额中间连续有几个"0"时，汉字大写金额中可以只写一个"零"字；阿拉伯金额数字元位是"0"，或者数字中间连续有几个"0"、元位也是"0"但角位不是"0"时，汉字大写金额可以只写一个"零"字，也可以不写"零"字。

第五十三条 实行会计电算化的单位，对于机制记账凭证，要认真审核，做到会计科目使用正确，数字准确无误。打印出的机制记账凭证要加盖制单人员、审核人员、记账人员及会计机构负责人、会计主管人员印章或者签字。

第五十四条 各单位会计凭证的传递程序应当科学、合理，具体办法由各单位根据会计业务需要自行规定。

第五十五条 会计机构、会计人员要妥善保管会计凭证。

（一）会计凭证应当及时传递，不得积压。

（二）会计凭证登记完毕后，应当按照分类和编号顺序保管，不得散乱丢失。

（三）记账凭证应当连同所附的原始凭证或者原始凭证汇总表，按照编号顺序，折叠整齐，按期装订成册，并加具封面，注明单位名称、年度、月份和起讫日期、凭证种类、起讫号码，由装订人在装订线封签外签名或者盖章。

对于数量过多的原始凭证，可以单独装订保管，在封面上注明记账凭证日期、编号、种类,同时在记账凭证上注明"附件另订"和原始凭证名称及编号。

各种经济合同、存出保证金收据以及涉外文件等重要原始凭证,应当另编目录,单独登记保管,并在有关的记账凭证和原始凭证上相互注明日期和编号。

(四)原始凭证不得外借,其他单位如因特殊原因需要使用原始凭证时,经本单位会计机构负责人、会计主管人员批准,可以复制。向外单位提供的原始凭证复制件,应当在专设的登记簿上登记,并由提供人员和收取人员共同签名或者盖章。

(五)从外单位取得的原始凭证如有遗失,应当取得原开出单位盖有公章的证明,并注明原来凭证的号码、金额和内容等,由经办单位会计机构负责人、会计主管人员和单位领导人批准后,才能代作原始凭证。如果确实无法取得证明的,如火车、轮船、飞机票等凭证,由当事人写出详细情况,由经办单位会计机构负责人、会计主管人员和单位领导人批准后,代作原始凭证。

第三节　登记会计账簿

第五十六条　各单位应当按照国家统一会计制度的规定和会计业务的需要设置会计账簿。会计账簿包括总账、明细账、日记账和其他辅助性账簿。

第五十七条　现金日记账和银行存款日记账必须采用订本式账簿。不得用银行对账单或者其他方法代替日记账。

第五十八条　实行会计电算化的单位,用计算机打印的会计账簿必须连续编号,经审核无误后装订成册,并由记账人员和会计机构负责人、会计主管人员签字或者盖章。

第五十九条　启用会计账簿时,应当在账簿封面上写明单位名称和账簿名称。在账簿扉页上应当附启用表,内容包括:启用日期、账簿页数、记账人员和会计机构负责人、会计主管人员姓名,并加盖名章和单位公章。记账人员或者会计机构负责人、会计主管人员调动工作时,应当注明交接日期、接办人员或者监交人员姓名,并由交接双方人员签名或者盖章。

启用订本式账簿,应当从第一页到最后一页顺序编定页数,不得跳页、缺号。使用活页式账页,应当按账户顺序编号,并须定期装订成册。装订后再按实际使用的账页顺序编定页码。另加目录,记明每个账户的名称和页次。

第六十条　会计人员应当根据审核无误的会计凭证登记会计账簿。登记账簿的基本要求是:

(一)登记会计账簿时,应当将会计凭证日期、编号、业务内容摘要、金额和其他有关资料逐项记入账内;做到数字准确、摘要清楚、登记及时、字迹工整。

(二)登记完毕后,要在记账凭证上签名或者盖章,并注明已经登账的符号,表示已经记账。

(三)账簿中书写的文字和数字上面要留有适当空格,不要写满格;一般应占格距的二分之一。

(四)登记账簿要用蓝黑墨水或者碳素墨水书写,不得使用圆珠笔(银行的复写账簿除外)或者铅笔书写。

(五)下列情况,可以用红色墨水记账:

1. 按照红字冲账的记账凭证,冲销错误记录;
2. 在不设借贷等栏的多栏式账页中,登记减少数;
3. 在三栏式账户的余额栏前,如未印明余额方面的,在余额栏内登记负数余额;
4. 根据国家统一会计制度的规定可以用红字登记的其他会计记录。

(六)各种账簿按页次顺序连续登记,不得跳行、隔页。如果发生跳行、隔页,应当将空行、空页划线注销,或者注明"此行空白""此页空白"字样,并由记账人员签名或者盖章。

(七)凡需要结出余额的账户,结出余额后,应当在"借或贷"等栏内写明"借"或者"贷"等字样。没有余额的账户,应当在"借或贷"等栏内写"平"字,并在余额栏内用"0"表示。

现金日记账和银行存款日记账必须逐日结出余额。

(八)每一账页登记完毕结转下页时,应当结出本页合计数及余额,写在本页最后一行和下页第一行有关栏内,并在摘要栏内注明"过次页"和"承前页"字样;也可以将本页合计数及金额只写在下页第一行有关栏内,并在摘要栏内注明"承前页"字样。

对需要结计本月发生额的账户,结计"过次页"的本页合计数应当为自本月初起至本页末止的发生额合计数;对需要结计本年累计发生额的账户,结计"过次页"的本页合计数应当为自年初起至本页末止的累计数;对既不需要结计本月发生额也不需要结计本年累计发生额的账户,可以只将每页末的余额结转次页。

第六十一条 实行会计电算化的单位,总账和明细账应当定期打印。

发生收款和付款业务的,在输入收款凭证和付款凭证的当天必须打印出现金日记账和银行存款日记账,并与库存现金核对无误。

第六十二条 账簿记录发生错误,不准涂改、挖补、刮擦或者用药水消除字迹,不准重新抄写,必须按照下列方法进行更正:

(一)登记账簿时发生错误,应当将错误的文字或者数字划红线注销,但必须使原有字迹仍可辨认;然后在划线上方填写正确的文字或者数字,并由记账人员在更正处盖章。对于错误的数字,应当全部划红线更正,不得只更正其中的错误数字。对于文字错误,可只划去错误的部分。

(二)由于记账凭证错误而使账簿记录发生错误,应当按更正的记账凭证登记账簿。

第六十三条 各单位应当定期对会计账簿记录的有关数字与库存实物、货币资金、有价证券、往来单位或者个人等进行相互核对,保证账证相符、账账相符、账实相符。对账工作每年至少进行一次。

(一)账证核对。核对会计账簿记录与原始凭证、记账凭证的时间、凭证字号、内容、金额是否一致,记账方向是否相符。

(二)账账核对。核对不同会计账簿之间的账簿记录是否相符,包括:总账有关账户的余额核对,总账与明细账核对,总账与日记账核对,会计部门的财产物资明细账与财产物资保管和使用部门的有关明细账核对等。

(三)账实核对。核对会计账簿记录与财产等实有数额是否相符。包括:现金日记账账面余额与现金实际库存数相核对;银行存款日记账账面余额定期与银行对账单相核对;各种财物明细账账面余额与财物实存数额相核对;各种应收、应付款明细账账面余额与有关债务、债权单位或者个人核对等。

第六十四条 各单位应当按照规定定期结账。

（一）结账前,必须将本期内所发生的各项经济业务全部登记入账。

（二）结账时,应当结出每个账户的期末余额。需要结出当月发生额的,应当在摘要栏内注明"本月合计"字样,并在下面通栏划单红线。需要结出本年累计发生额的,应当在摘要栏内注明"本年累计"字样,并在下面通栏划单红线;12月末的"本年累计"就是全年累计发生额。全年累计发生额下面应当通栏划双红线。年度终了结账时,所有总账账户都应当结出全年发生额和年末余额。

（三）年度终了,要把各账户的余额结转到下一会计年度,并在摘要栏注明"结转下年"字样;在下一会计年度新建有关会计账簿的第一行余额栏内填写上年结转的余额,并在摘要栏注明"上年结转"字样。

第四节 编制财务报告

第六十五条 各单位必须按照国家统一会计制度的规定,定期编制财务报告。

财务报告包括会计报表及其说明。会计报表包括会计报表主表、会计报表附表、会计报表附注。

第六十六条 各单位对外报送的财务报告应当根据国家统一会计制度规定的格式和要求编制。

单位内部使用的财务报告,其格式和要求由各单位自行规定。

第六十七条 会计报表应当根据登记完整、核对无误的会计账簿记录和其他有关资料编制,做到数字真实、计算准确、内容完整、说明清楚。

任何人不得篡改或者授意、指使、强令他人篡改会计报表的有关数字。

第六十八条 会计报表之间、会计报表各项目之间,凡有对应关系的数字,应当相互一致。本期会计报表与上期会计报表之间有关的数字应当相互衔接。如果不同会计年度会计报表中各项目的内容和核算方法有变更的,应当在年度会计报表中加以说明。

第六十九条 各单位应当按照国家统一会计制度的规定认真编写会计报表附注及其说明,做到项目齐全,内容完整。

第七十条 各单位应当按照国家规定的期限对外报送财务报告。

对外报送的财务报告,应当依次编定页码,加具封面,装订成册,加盖公章。封面上应当注明:单位名称,单位地址,财务报告所属年度、季度、月度,送出日期,并由单位领导人、总会计师、会计机构负责人、会计主管人员签名或者盖章。

单位领导人对财务报告的合法性、真实性负法律责任。

第七十一条 根据法律和国家有关规定应当对财务报告进行审计的,财务报告编制单位应当先行委托注册会计师进行审计,并将注册会计师出具的审计报告随同财务报告按照规定的期限报送有关部门。

第七十二条 如果发现对外报送的财务报告有错误,应当及时办理更正手续。除更正本单位留存的财务报告外,并应同时通知接受财务报告的单位更正。错误较多的,应当重新编报。

第四章 会 计 监 督

第七十三条 各单位的会计机构、会计人员对本单位的经济活动进行会计监督。

第七十四条 会计机构、会计人员进行会计监督的依据是:

(一)财经法律、法规、规章。

(二)会计法律、法规和国家统一会计制度。

(三)各省、自治区、直辖市财政厅(局)和国务院业务主管部门根据《中华人民共和国会计法》和国家统一会计制度制定的具体实施办法或者补充规定。

(四)各单位根据《中华人民共和国会计法》和国家统一会计制度制定的单位内部会计管理制度。

(五)各单位内部的预算、财务计划、经济计划、业务计划。

第七十五条 会计机构、会计人员应当对原始凭证进行审核和监督。

对不真实、不合法的原始凭证,不予受理。对弄虚作假、严重违法的原始凭证,在不予受理的同时,应当予以扣留,并及时向单位领导人报告,请求查明原因,追究当事人的责任。

对记载不明确、不完整的原始凭证,予以退回,要求经办人员更正、补充。

第七十六条 会计机构、会计人员对伪造、变造、故意毁灭会计账簿或者账外设账行为,应当制止和纠正;制止和纠正无效的,应当向上级主管单位报告,请求作出处理。

第七十七条 会计机构、会计人员应当对实物、款项进行监督,督促建立并严格执行财产清查制度。发现账簿记录与实物、款项不符时,应当按照国家有关规定进行处理。超出会计机构、会计人员职权范围的,应当立即向本单位领导报告,请求查明原因,作出处理。

第七十八条 会计机构、会计人员对指使、强令编造、篡改财务报告行为,应当制止和纠正;制止和纠正无效的,应当向上级主管单位报告,请求处理。

第七十九条 会计机构、会计人员应当对财务收支进行监督。

(一)对审批手续不全的财务收支,应当退回,要求补充、更正。

(二)对违反规定不纳入单位统一会计核算的财务收支,应当制止和纠正。

(三)对违反国家统一的财政、财务、会计制度规定的财务收支,不予办理。

(四)对认为是违反国家统一的财政、财务、会计制度规定的财务收支,应当制止和纠正;制止和纠正无效的,应当向单位领导人提出书面意见请求处理。

单位领导人应当在接到书面意见起十日内作出书面决定,并对决定承担责任。

(五)对违反国家统一的财政、财务、会计制度规定的财务收支,不予制止和纠正,又不向单位领导人提出书面意见的,也应当承担责任。

(六)对严重违反国家利益和社会公众利益的财务收支,应当向主管单位或者财政、审计、税务机关报告。

第八十条 会计机构、会计人员对违反单位内部会计管理制度的经济活动,应当制止和纠正;制止和纠正无效的,向单位领导人报告,请求处理。

第八十一条 会计机构、会计人员应当对单位制定的预算、财务计划、经济计划、业务计划的执行情况进行监督。

第八十二条 各单位必须依照法律和国家有关规定接受财政、审计、税务等机关的监督,如实提供会计凭证、会计账簿、会计报表和其他会计资料以及有关情况,不得拒绝、隐匿、谎报。

第八十三条 按照法律规定应当委托注册会计师进行审计的单位,应当委托注册会计师进行审计,并配合注册会计师的工作,如实提供会计凭证、会计账簿、会计报表和其他会计资料以及有关情况,不得拒绝、隐匿、谎报;不得示意注册会计师出具不当的审计报告。

第五章 内部会计管理制度

第八十四条 各单位应当根据《中华人民共和国会计法》和国家统一会计制度的规定,结合单位类型和内容管理的需要,建立健全相应的内部会计管理制度。

第八十五条 各单位制定内部会计管理制度应当遵循下列原则:

(一)应当执行法律、法规和国家统一的财务会计制度。

(二)应当体现本单位的生产经营、业务管理的特点和要求。

(三)应当全面规范本单位的各项会计工作,建立健全会计基础,保证会计工作的有序进行。

(四)应当科学、合理,便于操作和执行。

(五)应当定期检查执行情况。

(六)应当根据管理需要和执行中的问题不断完善。

第八十六条 各单位应当建立内部会计管理体系。主要内容包括:单位领导人、总会计师对会计工作的领导职责;会计部门及其会计机构负责人、会计主管人员的职责、权限;会计部门与其他职能部门的关系;会计核算的组织形式等。

第八十七条 各单位应当建立会计人员岗位责任制度。主要内容包括:会计人员的工作岗位设置;各会计工作岗位的职责和标准;各会计工作岗位的人员和具体分工;会计工作岗位轮换办法;对各会计工作岗位的考核办法。

第八十八条 各单位应当建立账务处理程序制度。主要内容包括:会计科目及其明细科目的设置和使用;会计凭证的格式、审核要求和传递程序;会计核算方法;会计账簿的设置;编制会计报表的种类和要求;单位会计指标体系。

第八十九条 各单位应当建立内部牵制制度。主要内容包括:内部牵制制度的原则;组织分工;出纳岗位的职责和限制条件;有关岗位的职责和权限。

第九十条 各单位应当建立稽核制度。主要内容包括:稽核工作的组织形式和具体分工;稽核工作的职责、权限;审核会计凭证和复核会计账簿、会计报表的方法。

第九十一条 各单位应当建立原始记录管理制度。主要内容包括:原始记录的内容和填制方法;原始记录的格式;原始记录的审核;原始记录填制人的责任;原始记录签署;传递、汇集要求。

第九十二条 各单位应当建立定额管理制度。主要内容包括:定额管理的范围;制定和修订定额的依据、程序和方法;定额的执行;定额考核和奖惩办法等。

第九十三条 各单位应当建立计量验收制度。主要内容包括:计量检测手段和方法;计量验收管理的要求;计量验收人员的责任和奖惩办法。

第九十四条 各单位应当建立财产清查制度。主要内容包括:财产清查的范围;财产清查的组织;财产清查的期限和方法;对财产清查中发现问题的处理办法;对财产管理人员的奖惩办法。

第九十五条 各单位应当建立财务收支审批制度。主要内容包括:财务收支审批人员和审批权限;财务收支审批程序;财务收支审批人员的责任。

第九十六条 实行成本核算的单位应当建立成本核算制度。主要内容包括:成本核算的对象;成本核算的方法和程序;成本分析等。

第九十七条 各单位应当建立财务会计分析制度。主要内容包括:财务会计分析的主要内容;财务会计分析的基本要求和组织程序;财务会计分析的具体方法;财务会计分析报告的编写要求等。

第六章 附 则

第九十八条 本规范所称国家统一会计制度,是指由财政部制定,或者财政部与国务院有关部门联合制定,或者经财政部审核批准的在全国范围内统一执行的会计规章、准则、办法等规范性文件。

本规范所称会计主管人员,是指不设置会计机构、只在其他机构中设置专职会计人员的单位行使会计机构负责人职权的人员。

本规范第三章第二节和第三节关于填制会计凭证、登记会计账簿的规定,除特别指出外,一般适用于手工记账。实行会计电算化的单位,填制会计凭证和登记会计账簿的有关要求,应当符合财政部关于会计电算化的有关规定。

第九十九条 各省、自治区、直辖市财政厅(局)、国务院各业务主管部门可以根据本规范的原则,结合本地区、本部门的具体情况,制定具体实施办法,报财政部备案。

第一百条 本规范由财政部负责解释、修改。

第一百零一条 本规范自公布之日起实施。1984年4月24日财政部发布的《会计人员工作规则》同时废止。